Les visages de l'ISLAM

Où la religion
rencontre la politique

Auteur:
Jochen Rabast

Traduction faites par:
Daniel Heiniger et
Charles de Weyler-Weylerbourg,
Hanni Schmidt et
André Dehon.

BoD 2019

Contenu

Partie I : La guerre islamique intérieure. 3
    La guerre Irak-Iran 6
    Le prochain front 7
    La guerre est élargie 8
    La guerre en Syrie 9
    Les conséquences en Europe 2015 11
    La culture d'accueil de Madame Merkel 12

Partie II : Qu'est-ce que l'Islam ? 17
    Aperçu général 17
    Les variantes de l'islam principales 18
    L'Islam turc 18
    L'Islam arabe 22
    L'Islam alaouite 25
    L'Islam de l'ETAT ISLAMIQUE (Daesh) 26
    L'Islam wahhabite 28
    L'Islam chiite 29
    Le Mouvement Ahmadiyya 31
    Les Alévis 34
    L'Islam pakistanais 34
    L'Islam afghan 35
    L'Euro-Islam' 36

Partie III : L'Islam et l'Allemagne 36
    Islam allemand ? 38
    Un résultat provisoire 39
    Le statut religieux public de l'islam ? 40

Partie IV : Règles de vie islamiques..41

Partie V : Loi fondamentale et exercice religieux........................44
    Les droits de l'homme dans l'Islam..47

Partie VI : L'attitude des Eglises à l'égard de l'Islam 48
    L'Église catholique et l'islam..48
    Église protestante et Islam...50

Partie VII : Un regard sur l'histoire 54
    Les exclus...56
    L'Islam est-il pacifique ?..57
    Partie VIII: Champs de conflit avec l'Islam....................................59
    Exigences aux décideurs politiques...62
    Le principe...62
    L'unisson politique...63
    Infiltration islamique..65
    Le rôle des femmes...67
    Changer notre pays... ?..68

Perspective..70

© 2019 Rabast, Jochen

Édition : BoD – Books on Demand, 12/14 rond-point des Champs-Élysées, 75008 Paris

Impression : BoD - Books on Demand, Norderstedt, Allemagne

ISBN : 9782322186112

Octobre 2019

Partie I : La guerre islamique intérieure

...et c'est ainsi que la guerre de religion commença.

Une révolution islamique a eu lieu en Iran en 1978. Les chiites ont conquis un état qui était occidental sous le Shah. Cela a provoqué de grands troubles dans le monde islamique.

Puis il s'est passé quelque chose que l'on ne pensait pas possible auparavant. Les forces islamistes avancent au cœur de l'Islam. Ils ont occupé la **Grande Mosquée de La Mecque en 1979**.

C'est ainsi que commença la guerre islamique intérieure du présent.

Le moment a été délibérément choisi. Un nouveau siècle de chronologie islamique commence. 1400 ans après l'Hedschra, l'émigration du Prophète de La Mecque à Médine, la Grande Mosquée de La Mecque est occupée militairement par un coup d'Etat. C'est l'endroit même où il est strictement interdit aux croyants de porter des armes. Un sacrilège.

Le 20 novembre 1979, à la veille du Jour de l'An islamique, des hommes lourdement armés affluent à la Grande Mosquée sans être reconnus et prennent en otage des milliers de pèlerins. Ils exigent la chute de la famille royale saoudienne. Leur but est d'établir un véritable État islamique. En ce début du nouveau siècle, le monde de l'islam doit être éclairci et l'État rétabli, comme Mohamed l'avait autrefois demandé à ses disciples.

Le roi saoudien Khalid ne pouvait pas simplement envoyer ses militaires à La Mecque pour réprimer le soulèvement. Après tout, le lieu le plus saint de tous les lieux islamiques est une zone sans armes. De plus, le roi saoudien n'avait aucun pouvoir spirituel, il n'était pas un calife. Il a donc chargé des érudits religieux wahhabites de préparer un avis juridique, une fatwa. Ce processus montre la complexité de l'équilibre des pouvoirs dans un État islamique. Le chef d'une dynastie royale a besoin des érudits religieux pour ses décisions politiques.

Dans ce cas, le clergé donne le feu vert et approuve la reprise militaire de la Grande Mosquée. Cependant, ils fixent une condition. Le roi saoudien doit immédiatement et pour les années à venir mettre des milliards à disposition pour la diffusion de l'interprétation wahhabite de l'Islam. Ce travail missionnaire islamique se poursuit encore aujourd'hui dans un style étendu. Afin de conserver le pouvoir pour lui-même et pour sa maison royale, le roi Khalid n'a pas d'autre choix que d'accepter cette condition.

Mais la lutte contre les insurgés et les occupants de la mosquée s'avère plus compliquée que prévu. La rébellion est bien planifiée en termes guerrière et d'approvisionnement. Les grandes voûtes souterraines du sanctuaire constituent un bastion sûr pour les occupants. Le gouvernement n'est pas en mesure de vaincre militairement le soulèvement.
Il fallait de l'aide militaire de l'étranger. Une demande adressée au gouvernement français est acceptée. La France envoie un bataillon de parachutistes.

Mais avec les moyens conventionnels, cette troupe ne réussit pas. Ce n'est que par l'emploi de gaz toxiques qu'il réussit à mettre fin à l'occupation de la mosquée après deux semaines. Il y a plusieurs centaines de morts du côté des occupants. Le commandement terroriste se composait d'environ 500 à 1000 islamistes. Le prédicateur fondamentaliste, al-Utaibi, en était le chef. Sa tête est coupée publiquement et avec d'autres de ses disciples.
Les auteurs de cet assassinat sont restés inconnus.

Le lendemain, l'ayatollah iranien Khomeni blâme les États-Unis pour l'occupation du sanctuaire islamique dans un message radio, ce qui conduit à des attaques contre les ambassades américaines dans le monde entier. Pourquoi l'Iran est-il si pressé de refuser sa participation ? A ce jour, aucune preuve n'a été trouvée que la Révolution islamique des chiites contrôlait l'action terroriste.
Le gouvernement français n'avait aucune idée à l'époque que la France deviendrait plus tard une cible spéciale pour les islamistes. L'intervention de la France dans les conflits intra-islamiques s'inscrit dans la continuité de l'ancien mandat colonial au Moyen-Orient. La France et l'Angleterre avaient arbitrairement divisé les territoires de l'ancien Empire ottoman.
Indépendent des structures religieuses, ils avaient dessiné les états Syrie, Irak, Jordanie, Israël sur la carte à la discrétion coloniale.

La guerre Irak-Iran

Quelques mois après l'attaque de la Grande Mosquée de La Mecque, les deux blocs islamiques sunnites (Irak) contre les chiites (Iran) se rencontrent militairement. Il y a plusieurs raisons à cette guerre. L'une d'entre elles est la haine religieuse. Personne n'a été en mesure de prouver si l'Iran était aussi un tireur de ficelles pour l'attaque de La Mecque.

Le 22 septembre 1980, le dictateur irakien Saddam Hussein a déclaré la guerre à l'Iran. C'est pourquoi les historiens parlent de la première guerre du Golfe pour le pétrole. La guerre devait durer 8 ans et un million de personnes ont dû payer de leur vie.

Le khuzestan a une autre signification que le pétrole. Beaucoup d'Arabes vivent ici.
- L'objectif politique de Saddam Hussein était "panarabe", une unification arabe sans l'Iran.

- Khomeni, en revanche, avait une vision "panislamique". Les Iraniens croyaient que la révolution islamique serait d'abord transmise au pays voisin de l'Irak, puis à d'autres États islamiques.

Après huit années de guerre cruelle (1980-88), au cours desquelles l'Irak a également utilisé des armes B et C illégales, le Conseil de sécurité de l'ONU a réussi à introduire une résolution pour un cessez-le-feu que les deux parties ont acceptée. La guerre s'est arrêtée. Il n'y a plus eu de combats, mais l'hostilité est restée.
Il n'y a toujours pas de traité de paix.

Le prochain front

L'esprit de renouveau islamique a fasciné un jeune homme qui vivait en Arabie saoudite et venait d'une grande famille d'entrepreneurs aux racines yéménites. Il échappe à la purification islamiste. Son nom sera plus tard sur toutes les lèvres : Oussama ben Laden. Il s'enfuit en Afghanistan pour combattre l'armée soviétique pendant la libération du pays islamique. Beaucoup plus de jeunes fondamentalistes de différents pays s'y installent. Ce sont principalement les djihadistes égyptiens qui appartiennent à l'aile militante des Frères musulmans. Ben Laden réussit à les unir tous dans la lutte contre les infidèles. Après l'expulsion des Soviétiques d'Afghanistan, leur prochain objectif militaire est d'expulser les infidèles de la péninsule arabe.

La déclaration djihadiste de Ben Laden contre les Américains, qui, avec l'Arabie saoudite, occupent également les lieux saints, a finalement conduit aux attaques dévastatrices contre les tours du World Trade Center à New York le 11 septembre 2001.
Les États-Unis se sentent obligés d'envahir l'Afghanistan. Ce sera un combat long et coûteux, mais il n'apportera pas aux États-Unis le succès escompté.

Al-Qaida ne peut pas être exterminé.
Il est vrai que les Américains réussissent à tuer Ben Laden. Mais Al-Qaïda est en train d'élaborer une nouvelle stratégie de lutte contre les infidèles : la stratégie du Jihad sans chef, c'est-à-dire qu'Al-Qaïda ne fixe que l'objectif du combat. Les attaques elles-mêmes sont menées par de plus petits groupes ou par des auteurs individuels. L'idéologie djihadiste salafiste se propage facilement sur Internet. Les terroristes potentiels ne sont pas reconnus dans tous les pays. Ils semblent si nombreux que les services secrets ne peuvent en couvrir qu'une petite partie. Par exemple, en avril 2013, des Chechens ont réussi, pour ne citer qu'un exemple, à faire exploser le marathon de Boston sans être détecté.

La guerre est élargie

Les Etats-Unis attaquent l'Irak et déclarent au monde qu'ils veulent vaincre le terrorisme international. Ils utilisent, comme prétexte, des armes de destruction massive comme prétexte, mais on ne les trouve pas. Le 20 mars 2003, les troupes stationnées au Koweït ont reçu l'ordre d'envahir l'Irak. Un ordre désastreux qui continue de renverser la spirale de la guerre.

Depuis l'occupation de la Grande Mosquée, la variante salafiste du wahhabisme a conduit à la radicalisation des musulmans dans le monde arabe. La prise d'otages de La Mecque marque le début de la traînée de sang des attentats terroristes islamistes. L'idéologie islamique est exportée. Des terroristes islamiques sont recrutés dans le monde entier. La piste mène, via Al-Qaida, à l'État islamique.

La haine de ces organisations terroristes est dirigée contre toute modernisation de l'Islam et de toute façon contre le mode de vie occidental des infidèles. Un Etat islamique doit être organisé en accord avec les fondamentalistes, tels qu'établis par Mohamed au

7ème siècle. C'est le véritable islam, dans lequel la religion détermine la vie politique quotidienne. L'islam ne connaît pas de séparation entre l'État et la religion.
Il est difficile pour les politiciens occidentaux, avec leur idéologie de la démocratie, de le reconnaître.

La guerre en Syrie

Au cours du printemps arabe, des manifestations pour la liberté et la justice sociale ont également eu lieu en Syrie. Le président Assad est Alaouite et appartient à son propre type de religion islamique. Pendant des années, il s'est assuré son pouvoir grâce à de solides services secrets, car les Alaouites sont une minorité religieuse dans le pays. De plus, le népotisme a longtemps été un mal fondamental dans l'État d'Assad en Syrie. Tous les postes importants du pays sont occupés par son peuple. C'est aussi une des raisons pour lesquelles les manifestations contre le gouvernement ont dégénéré en guerre civile.

Dans les villes de Homs et Hama, il y aura des soulèvements armés contre Assad en été 2011. Avec le temps, le conflit devient incontrôlable. Ce n'est pas une guerre civile avec des fronts clairs. D'innombrables milices se battent pour leur propre cause.
Dans la réalité de 2017, l'État syrien, une fois créé artificiellement par les Français, n'existe plus.
Il y a aussi eu un grand vol à l'intérieur du pays. Les intérêts religieux, nationaux et économiques montrent sur le territoire de l'ancienne Syrie toute l'insolubilité de cette guerre religieuse islamique au Moyen-Orient. Les parties à la guerre civile commettent des crimes terribles, y compris l'utilisation de gaz toxiques. Des massacres partout, dans les prisons, des opposants sont torturés à mort à l'agonie.
En gros, cinq parties belligérantes se sont développées sur le terrain de l'ancienne Syrie :

- Le régime Assad,
- L'État islamique,
- Les rebelles sunnites,
- Le groupe chiite soutenu par l'Iran et le Hezbollah, et
- La milice kurde du YPG.

Les intérêts géopolitiques soutiennent les partis.
La Turquie juge inacceptable que les Kurdes du nord de la Syrie se voient attribuer leur propre territoire administratif, qu'ils possèdent de facto.
L'Iran chiite se tient derrière Assad avec de l'argent et des armes. L'Arabie saoudite soutient ses frères sunnites dans la foi. Des combattants d'Afghanistan et d'autres pays islamiques maintiennent en vie l'Etat islamique, aussi appelé Daesh.
Le groupe connu sous le nom de "rebelles syriens" (par exemple, les salafistes Ahrar al-Sham, le front Jihat Jabat Fatah-al Sham) se bat pour un État islamique avec des lois de la charia. Seulement pour l'observateur superficiel, qui ignore la religion, il semble curieux que ces milices ne fassent pas cause commune avec Daesh.
L'Iran, le gouvernement actuel de l'Irak, les combattants du Hezbollah du Liban et enfin la Russie continuent de soutenir le maintien au pouvoir d'Assad.
La Turquie veut le renversement d'Assad, tout comme l'Arabie saoudite, deux pays qui ont leur propre conception de la démocratie.

La coalition militaire de 60 Etats, dirigée par les Etats-Unis, ne peut pas contribuer à la solution de cette guerre à plusieurs niveaux avec sa lutte contre Daesh. Même après une victoire militaire et l'anéantissement de l'Etat islamique, la lutte intra-islamique continuera.
Les politiciens occidentaux croient qu'il ne peut y avoir de paix que sans Assad. Leur panacée pour résoudre le problème est la "démocratie", et cela sans égard à la religion.

À l'heure actuelle, il n'existe aucune approche reconnaissable pour mettre fin à cette guerre sur les plans militaire, religieux, politique et international. Le dilemme est la grande discorde intra-islamique.

Les conséquences en Europe 2015

Jusqu'à présent, le conflit interne à l'Islam s'est déroulé aux portes de l'Europe. Fin 2015, l'Europe et surtout l'Allemagne seront confrontées aux problèmes islamiques par un énorme mouvement de fuite. Le gouvernement Merkel reste dans une inactivité impuissante.

Ils n'étaient pas préparés à un choc des cultures.
- La religion est largement considérée par le public comme dépassée, inintéressante. Qui s'intéressait à l'Islam ?
- Il y a un manque d'information de la même manière chez les dirigeants et les décideurs. Par exemple, le ministre de l'Intérieur de Maizière exige que les associations islamiques (turques !) soient des points de contact pour les réfugiés islamiques (arabes).
- En Allemagne, l'islam turc travaille depuis des décennies pour être reconnu comme une religion équivalente aux grandes églises.
- Les deux Églises ont trahi théologiquement leur propre religion en aplanissant la différence dans la conception de Dieu entre le christianisme et l'islam. L'Église catholique a été le précurseur. Les théologiens protestants Bedfort-Strohm et Käßmann sont en train de faire des câlins à l'Islam.

- Les autorités de sécurité de l'État, la police et le pouvoir judiciaire ne sont pas prêts à ce qu'une foule s'attaque à l'Allemagne qui ne connaît pas de séparation entre l'État et la religion.

La culture d'accueil de Madame Merkel

La spirale de la guerre au Moyen-Orient a déclenché une fuite inattendue. Dans les pays arabes, les gens sont à la recherche d'un nouveau accueil. La Turquie devient alors la destination des réfugiés en raison de sa proximité géographique. Après tout, une armée de réfugiés se dirige vers l'Europe comme un raz-de-marée.

Ceux qui pouvaient les arrêter sont restés les bras croisés. Robin Alexander a documenté l'impuissance inactive du gouvernement allemand: "La frontière reste ouverte, non pas parce qu'Angela Merkel l'a délibérément décidé, ou parce que quelqu'un d'autre au gouvernement allemand l'a fait. À l'heure décisive, il n'y a tout simplement personne qui veuille assumer la responsabilité de la fermeture".

Près d'un million de réfugiés ont envahi l'Allemagne à la fin de 2015. Ils traversent souvent la frontière allemande avec l'accord de la chancelière fédérale, sans papiers d'identité et avec une identité auto-déclarée. Le gouvernement Merkel ne tient pas compte des lois d'applicables. Le franchissement libre de la frontière ne s'applique qu'aux citoyens des États membres de l'UE. Pour franchir une frontière, vous avez besoin d'un passeport en cours de validité, ce qui va de soi dans le monde entier. Le gouvernement allemand ne tient pas compte de ce fait sans se soucier de la sécurité.

Les réfugiés étaient depuis longtemps au courant des dons financiers relativement généreux faits aux demandeurs d'asile en Allemagne. Ça a agi comme un aimant. On estime que 90% des réfugiés sont musulmans. Par dévouement à la politique de Mme Merkel, les Allemands serviables leur ont offert une culture d'accueil sans frontières et sans limites. **Ils n'ont aucune connaissance du mode de vie et des empreintes que ces personnes leur apportent des** différents mondes islamiques. Les secouristes ne sont toujours pas conscients que leur "aide aux réfugiés" représente également un danger incommensurable pour la paix religieuse dans notre pays.

Avec les réfugiés, l'Islam, qui était en désaccord dans la lutte, vient en Allemagne. Mais les conséquences religieuses ne se feront sentir que beaucoup plus tard. Les réfugiés n'étaient pas attirés par une autre religion, mais par de vagues attentes de prospérité et d'argent. L'Internet et les médias sociaux ont nourri le désir de venir en Allemagne, prétendument riche. Pour les réfugiés, il y avait de fausses idées sur Internet concernant une vie prospère.
Ce n'était pas un secret.

Le gouvernement allemand a criminellement échoué à utiliser des campagnes publicitaires dans les médias de masse arabes pour contrer l'embellissement irréaliste de Facebook et Twitter.

Face aux protestations contre cette vague de réfugiés, la politicienne Verte Claudia Roth est apparue les yeux grands ouverts devant le public : "Ce sont des humains". Mais rien n'a été décrit ; tout le monde a vu que ce n'était pas un troupeau d'animaux. Ils "fuient la grêle de bombes d'Assad et fuient pour sauver leur vie", ou quelque chose du genre, disait-on. Cette description peut s'appliquer à un petit pourcentage de la vague de réfugiés s'ils ont été bombardés dans la région syro-irakienne.

Mais avant les violences militaires immédiates, la plupart d'entre eux se trouvaient depuis longtemps sur un terrain sûr en Turquie ou dans n'importe quel pays de la route des Balkans. Néanmoins, leur destination était la terre promise de l'Allemagne. Ici, beaucoup de réfugiés reçoivent plus en cadeau que ce pour quoi ils peuvent travailler chez eux.

Jusqu'à présent, il n'existe pas de vue d'ensemble fiable des pays et des classes d'enseignement d'où proviennent ces personnes.
De manière irresponsable et illégale, le gouvernement fédéral a autorisé une immigration massive totalement incontrôlée.

Du côté allemand, il n'y avait pas de concept pour l'hébergement, les soins, la durée du séjour, l'asile ou le statut de réfugié, etc. Le niveau d'hébergement élevé par rapport aux autres pays européens et les prestations sociales excessives ont attiré la plupart des réfugiés en Suède, en Autriche et principalement en Allemagne.

Des gens sont venus dans notre pays des régions les plus pauvres, les plus violentes et les plus arriérées du monde. Le gouvernement a mis des milliards à disposition à cette fin et a trompé son propre peuple avec hypocrisie en lui faisant croire que cette invasion humaine est un gigantesque programme de relance économique et qu'elle sera une source de prospérité future.

Le gouvernement allemand n'a pas demandé à la Commission européenne d'élaborer des normes uniformes pour l'hébergement et les dispositions financières dans tous les pays de l'UE.
Les institutions de l'UE n'ont pas agi efficacement.

Martin Schulz était alors président du Parlement européen. A ce titre, il a eu l'occasion d'introduire des règles pour le traitement uniforme des réfugiés en termes d'hébergement et de dispositions financières dans les pays de l'UE. Martin Schulz a échoué lamentablement. Son enthousiasme formulé "Je suis un Européen ardent" ignorait le fait qu'il rougeyait aux frontières de l'Europe. Au lieu d'agir, la bureaucratie travaille à partir de ses propres règles et ignore les urgences.

Angela Merkel a renoncé à la solidarité avec les autres États membres de l'UE et a décrété que l'Allemagne devait faire cavalier seul : "Wir schaffen das" (Nous pouvons le faire). Une partie considérable de la population est restée muette et n'a pas été invitée à accepter les réfugiés et a soutenu la soi-disant "culture d'accueil" par son engagement énergétique et financier. Les tonalités critiques et les préoccupations en matière de sécurité ont été supprimées d'une manière qui, autrement, n'est courante que dans les États totalitaires. Aujourd'hui encore, la critique est considérée comme xénophobe et d'extrême droite.

Les actions de la chancelière sont semblables à celles d'un autocrate. Mme Merkel fait preuve d'empathie envers la loi.

La presse a renoncé à son indépendance et a soutenu la chancelière, comme Mme Merkel le savait du temps de Honecker. La nationalité et l'origine des criminels ne peuvent plus être mentionnées dans les médias.

L'inaction a également mis en lumière ce que l'on appelle le "troisième pilier" de la démocratie. L'avocat constitutionnel Karl Albrecht Schachtschneider a porté plainte le 02.02.2016 devant la Cour constitutionnelle fédérale contre les violations de la chancelière Merkel en raison de sa politique de migration et d'asile.

Les juges constitutionnels offrent une chose monstrueuse. Ils font usage de leur droit en vertu du § 93 BVerfGGG, qui leur donne la possibilité de ne pas accepter des plaintes. Légalement, ils sont totalement libres dans leurs actions. Ils n'ont pas à prendre de mesures pour examiner les violations de la loi. Ainsi, en cette heure importante pour l'Allemagne, la plus haute autorité judiciaire, le troisième pilier de la démocratie, est également absente. L'ancien président de la Cour constitutionnelle fédérale pendant de

nombreuses années, Hans-Jürgen Papier, a parlé "d'échec politique flagrant". Il y a un profond fossé entre la loi et la réalité en République fédérale d'Allemagne, a-t-il déclaré dans une interview accordée au 'Handelsblatt'.
C'est le côté obscur. La démocratie atteint ses limites. Ursula von der Leyen ne se lasse jamais d'expliquer que la chose la plus importante que nous avons est la démocratie. Mais que faire si cela ne fonctionne pas ? La démocratie a besoin d'opposition. Mme Merkel a changé le front de l'idéologie bourgeoise-conservatrice à l'idéologie verte-gauche.
Le FDP et l'AfD restent donc la seule opposition.

Qualifier l'invasion de l'Allemagne du terme générique de "réfugiés" est un ensemble trompeur.
L'examen individuel des demandes d'asile n'est de facto plus valable, tout le monde est tout simplement le bienvenu. À un moment donné, l'examen a été effectué. Ou jamais, si le réfugié était passé sous terre.

Mme Merkel ne s'est pas orientée sur l'efficacité de notre pays, mais elle a élevé une maxime formelle et légale "l'asile ne connaît pas de limite supérieure" à une maxime obstinée. Contre l'afflux de réfugiés en Allemagne, a-t-elle ajouté, il faut s'attaquer aux causes dans les pays d'origine.
La Chanceliére n'a pas voulu accepter que cette clairvoyance souhaitable ne puisse être un plan d'action pour l'afflux massif de réfugiés dans le présent.

Les États des Balkans, qui avaient été occupés par des troupes islamiques au cours des siècles précédents, ne voulaient pas de répétition et ont fermé leurs frontières. Les autorités de l'UE estiment qu'elles ont le droit de punir ces pays pour ne pas avoir pensé à la violation de l'accord de Schengen par Merkel.

Des voix se sont élevées contre l'accueil incontrôlé des réfugiés, comme celle du journaliste Peter Scholl-Latour: "Ceux qui veulent apporter une partie de Calcutta dans leur propre pays n'aident pas Calcutta, mais apportent les problèmes de Calcutta dans leur propre pays". Ceci s'applique mutatis mutandis à l'Allemagne et aux réfugiés du monde islamique :
La politique de Madame Merkel n'est pas une contribution à la crise islamique, mais une islamisation de l'Allemagne.

Les problèmes possibles avec la religion islamique n'ont même pas été mentionnés de façon rudimentaire. Il y a déjà eu des combats entre groupes religieux dans les refuges pour réfugiés. Cette information a été gardée secrète ou a fait l'objet d'explications situationnelles. Le diktat de la presse - appelé déclaration volontaire du conseil de presse - de ne pas nommer une nationalité ne faisait que nuire à l'image publique de la presse, mais ne contribuait pas à surmonter la crise des réfugiés.

Partie II : Qu'est-ce que l'Islam ?

Aperçu général

L'islam n'est pas une entité uniforme, mais un terme générique, un résumé des directions religieuses conflictuelles, actuellement en conflit armé.
La fin de la 1ère guerre mondiale signifie un changement radical pour l'Islam : la destruction de l'Empire ottoman. Le chef de tous les musulmans résidait à Istanbul. Le calife était, comme son nom arabe l'indique, le "successeur" du prophète Mohamed. En tant que chef de tous les musulmans et représentant du Prophète de Dieu, il était pour le monde islamique de l'Empire ottoman quelque chose comme le Pape pour le monde catholique.

C'était fini après la 1ère guerre mondiale.
Les groupes individuels sont décrits ci-dessous.

Les variantes de l'islam principales

L'Islam turc

Mustafa Kemal, appelé **Atatürk** ('Père des Turcs'), mis fin du le califat. Tous les membres de la famille Osman doivent quitter le pays. En 1923, Atatürk fonda un Etat turc basé sur le modèle des démocraties européennes. C'est aussi la fin de l'État multiethnique de l'Empire ottoman. Atatürk exige un fort sentiment national de la part des Turcs. Il se fait le premier président de l'État-nation turc.
Atatürk coupe la connexion avec le reste de l'Empire ottoman en interdisant l'écriture et la langue arabe en Turquie. Maintenant, le turc est parlé et écrit avec des lettres latines, comme en Europe.

Les Turcs se fichent que les musulmans non turcs de l'ancien Empire ottoman soient maintenant sans chef. En tant qu'homme d'État prudent, Atatürk sait également qu'il a besoin d'un substitut dans la direction musulmane pour les préoccupations religieuses de son peuple. Il fonde le "Présidium des affaires religieuses", le Diyanet. Cette autorité peut être comparée au Vatican.

Aujourd'hui, elle compte des dizaines de milliers d'employés. Sa mission est la formation des imams. C'est ainsi que le Diyanet détermine ce qui est prêché dans les mosquées. Au début, cette tâche se limitait à la Turquie. Mais avec l'immigration de travailleurs invités turcs en Allemagne dans les années 1960, le Diyanet détermine aussi ce que les Imams doivent prêcher en Allemagne.

Le président en exercice du Diyanet - écoutez et émerveillez-vous ! - appartient automatiquement à l'Union turco-islamique en Allemagne (DITIB). DITIB est une organisation faîtière basée à

Cologne-Ehrenfeld, qui est sous le contrôle et la supervision de Diyanet. Les imams sont envoyés pour quelques années en Allemagne et payés par la Turquie.

Actuellement, environ un millier d'imams en Allemagne sont payés par la Turquie. Ils ont reçu leur formation à Ankara. En règle générale, ils ne parlent pas l'allemand. DITIB rejette l'enseignement religieux en allemand.

La Turquie intervient à la fois économiquement et idéologiquement dans les affaires intérieures de l'Allemagne. Le gouvernement allemand a mal évalué le contrôle étranger que cela représente pour les personnes turcophones en Allemagne. En faisant référence à la "liberté de religion", les politiciens allemands - surtout les Verts - ont nié que ce type d'indépendance religieuse empêche l'intégration dans la société allemande. Dans ses visites et ses apparitions publiques, Erdogan a toujours exigé que ses compatriotes conservent leur identité turque. Ils doivent conserver leur langue et leurs coutumes. Ils ne devraient pas s'assimiler aux Allemands. C'est ce qu'Erdogan a déclaré le 17 mai 2010 à Cologne et avant 2008, appelant les auditeurs à préserver leur " propre culture, religion et identité ".

Comme le public allemand ne comprend pas ce qui est prêché dans les mosquées, cette pratique religieuse a jeté les bases d'un monde turco-islamique indépendant en Allemagne, un monde parallèle turc.

Le co-gouverneur du SPD a, de toutes personnes, a fait une Allemande d'origine turque la Commissaire pour les étrangers, le ministre d'Etat Aydan Özoğuz.

L'islam turc a adopté un certain nombre d'éléments de la société tribale arabe. Cela s'applique en particulier à la situation des femmes. Les Arabes considèrent les femmes comme des biens familiaux. Une jeune femme ne peut pas choisir son partenaire, elle

est mariée par son père. La femme est également désavantagée en matière de droit successoral. Dans la plupart des pays arabes, elle ne reçoit que la moitié de ce que l'héritier masculin reçoit. La raison :
Le droit successoral a été déterminé par le prophète Mohamed. Dans les États islamiques, le témoignage d'un homme devant un tribunal est deux fois plus important que celui d'une femme.

Le Coran dit que la femme est soumise à l'homme. Cependant, il y a aussi des passages qui veulent expliquer la foi comme libération de la femme de son immaturité.
Les Imams, par leur interprétation de l'Islam, déterminent le contenu de la foi. Ils déterminent ce qui s'applique.

Dans la sourate 24 du Coran, il est écrit : "Dites aux femmes croyantes de baisser les yeux, de garder leur honte et de porter un foulard autour de la tête." L'association turque déclare après les événements du Sylvestre de Cologne 2016 : Avec cette tenue, vous pouvez vous protéger du harcèlement sexuel.
Cela ne peut probablement pas être un concept pour regagner la sécurité en Allemagne.
Pour sa part, l'islam turc est fragmenté. Il existe de nombreuses associations de mosquées indépendantes, mais aussi de plus grandes associations islamiques.
- Le Conseil islamique pour la République fédérale d'Allemagne (CI) est une représentation des musulmans turcs.
- L'Union turco-islamique de l'Institut des religions (**DITIB**) est le bras étendu de Diyanet (voir ci-dessus).
- l'Association des centres culturels islamiques (**VIKZ**)

En 2006, ces associations ont formé le Conseil de coordination des musulmans en Allemagne (KRM) dans le cadre de la Conférence allemande sur l'Islam (DIK). A ceci appartiennent

- le Conseil central des musulmans d'Allemagne (**ZMD**). Selon le ZMD, la moitié de ses membres seulement sont des musulmans turcs, mais de nombreux membres sont également membres de l'IGD. Guido Steinberg du Islamisches Zentrum München e.V. considère le Conseil central des musulmans d'Allemagne comme le bras étendu des Frères musulmans syriens et égyptiens.
- la Communauté islamique en Allemagne (**IGD**). Ceci est considéré comme façonné par les Frères musulmans internationaux.

Les représentants des associations turco-islamiques luttent pour la reconnaissance par les politiciens allemands de la reconnaissance politique et religieuse. Le Land de Hesse, par exemple, compte sur le soutien du DITIB pour l'enseignement religieux islamique. Le ministre-président Malu Dreyer considère DITIB comme un partenaire indispensable en Rhénanie-Palatinat. Il y a une bonne part d'ignorance derrière tout cela.

Susanne Schröter, directrice du Centre de recherche sur l'islam mondial de l'Université Goethe de Francfort, commente: "C'est une politique catastrophique qui est menée. Ditib fait une politique habile, envoie des gens aux partis et aux comités, et convainc évidemment certains politiciens qui veulent montrer qu'ils font participer des musulmans. Ce n'est pas une erreur en soi, mais il faut veiller à ne pas faire de Ditib un partenaire particulièrement privilégié ou même un représentant des musulmans en Allemagne. L'organisation n'est que la représentation d'une petite partie des musulmans. La plupart des musulmans n'appartiennent à aucune association".

DITIB est synonyme de préservation du caractère national turc et empêche l'intégration des migrants turcs dans la société allemande.

Tout ce que le public allemand comprend comme "musulman" est essentiellement façonné par l'islam turc. En raison de son histoire (désintégration de l'Empire ottoman), elle est marquée par une démarcation avec l'Islam arabe.

Sur près d'un million de réfugiés qui ont afflué en Allemagne à la fin de 2015, 90% appartiennent à l'Islam arabe.
Evidemment, dans l'ignorance totale de l'histoire islamique, le ministre de l'Intérieur de Maizière exige que les associations islamiques soient des "points de contact" pour les réfugiés, des "pilotes d'intégration". C'est dur de trouver une idée plus stupide. Les Arabes musulmans ne pourront pas trouver un foyer dans les communautés des mosquées turques, il y a un rejet mutuel. Un homme politique allemand peut difficilement exprimer avec plus d'impuissance ce qu'il entend par intégration.

Ali Ertan Toprak, président des associations d'immigrés, déclare : "Les associations islamiques doivent d'abord assurer l'intégration de leurs propres membres avant de se voir confier un travail d'intégration subventionné par l'Etat pour les réfugiés. Les associations islamiques refusent de s'engager dans un débat honnête sur les valeurs allemandes et se cachent derrière la 'liberté de religion'."

L'Islam arabe

Parallèlement aux efforts nationalistes de la Turquie, un mouvement panarabe a déjà été fondé pendant la Première Guerre mondiale. Le shérif de La Mecque, Hussein, de l'ancien genre arabe des Hachémites devient leur chef. Il appelle à un soulèvement arabe contre les Ottomans. C'était pratique pour les Anglais en tant qu'adversaires de guerre de la Turquie. Ils ont soutenu le mouvement panarabe. Ce n'est que lorsqu'elle est devenue trop puissante qu'ils ont changé d'avis et qu'ils sont revenus à la "division pour régner" (divide and impera) coloniale.

Le shérif Hussein Ibn Ali avait de vastes projets pour l'après-guerre. A la fin, il veut devenir le chef de l'Empire ottoman. Il se sent appelé à devenir le nouveau successeur califat de Mahomet. Le califat doit inclure la Mésopotamie, toute la Palestine, toute la péninsule arabique et l'Égypte. Hussein négocie actuellement avec le Haut Commissaire britannique McMahon, basé au Caire. Les Britanniques sont d'accord avec le califat arabe après la fin de la guerre.

Mais la diplomatie britannique est une diplomatie à plusieurs volets. Le représentant juif Lord Rothschild à Londres propose au ministre britannique des Affaires étrangères Balfour après la fin de la guerre son propre Etat d'Israël. Le mouvement sioniste, qui a vu le jour aux Etats-Unis, voit le temps comme mûr pour cela. La Grande-Bretagne ne veut pas se fermer à cela.

La France, l'autre grande puissance coloniale de l'époque, voulait diviser le grand Empire ottoman après la fin de la guerre. Dans un accord secret (accord Sykes-Picot), la France et l'Angleterre conviennent d'une division du Moyen-Orient. Les populations touchées n'en savent encore rien.

Le ministre de la guerre et des colonies de Grande-Bretagne, Sir Winston Churchill, lors d'une conférence de la Société des Nations (prédécesseur de l'ONU) en 1920 à San Remo, applique la division de l'Empire ottoman en territoires mandatés pour les puissances victorieuses, l'Angleterre et la France. La démarcation des Etats arabes (Syrie, Jordanie, Irak, Liban) est déterminée par un accord franco-anglais sans la participation des Etats arabes.
Le système des mandats est une nouvelle forme de régime colonial.

En conséquence, il n'y avait pas de califat panarabe. Les puissances victorieuses n'ont pas pris en considération les structures religieuses. Le conflit séculaire entre chiites et sunnites dans le monde arabe continue de couver. Mais depuis la fin de la Première Guerre mondiale, il n'y a plus de calife.

Après la Seconde Guerre mondiale, l'idée de l'unité nationale a reçu un nouvel élan avec la fondation du **parti Baath**. Sa doctrine repose sur une seule nation arabe indivise et une patrie entièrement arabe. Mais ce mouvement panarabe n'a jamais fonctionné. Le pont traversant l'union d'état entre la Syrie et l'Egypte n'était pas de longue durée. En Irak et en Jordanie, des organisations Baath fortes ont été créées. Le régime de Saddam Hussein (éliminé par les Américains pendant la guerre en Irak en 2003) appartenait au parti Baath. L'idée panarabe n'a toutefois jamais vu le jour sur le plan politique ou religieux. Dans les pays indépendants, la Syrie, l'Irak, la Jordanie, l'Arabie Saoudite, le pouvoir était entre les mains des clans familiaux, et ils ne regardaient pas au-delà de leurs frontières nationales.

L'islam panarabe reste une idée et un vœu pieux. Les clans et les maisons dirigeantes ont suivi leur propre voie islamique territoriale :
- La Syrie devient alaouite sous Assad
- L'armée irakienne se convertit à la SI après sa défaite contre les Américains
- L'Arabie saoudite ressemble à un bastion consolidé d'un Etat religieux wahhabite.
- En Iran, les chiites ont fermement installé leur Etat religieux.

L'Islam alaouite

La Syrie a sa propre variante islamique. Le nom 'Alaouite' exprime le fait qu'Ali, le calife et gendre de Mahomet, jouit d'une importance extraordinaire. Le clan Assad est alaouite. Depuis 1970, les Assades

forment le gouvernement et la direction du Parti Baath arabe.
L'alaouisme est proche du chiisme. Il existe donc un lien étroit avec l'Iran. Les Alaouites n'ont pas leur propre littérature, seul le Coran s'applique à eux. Mais ils ne se soumettent pas à la charia, à la loi islamique. C'est pourquoi la vie quotidienne en Syrie est beaucoup plus libérale. Les fidèles n'ont pas à prier cinq fois par jour. La foi n'exige pas non plus de faire le Hadj, le pèlerinage à La Mecque, une fois dans sa vie. Les femmes ont le droit de rester dévoilées en public et surtout : elles ont des droits égaux.

Cette religion d'Etat des Alaouites est rejetée par les fidèles sunnites syriens. Pour eux, les disciples d'Assad sont des déviants de la vraie foi sunnite.
Les sunnites sont particulièrement méfiants à l'égard de la religion secrète (comparable à la franc-maçonnerie).
Il n'est pas facile d'entrer dans l'équipe de corde des puissants dans le pays. Néanmoins, le clan Assad est populaire dans une grande partie de la population parce qu'on est libéré des chaînes de la charia. Les Alaouites sont considérés par ceux qui sont religieusement éloignés comme le moindre mal contre un Islam plus strict, comme les Frères musulmans. Néanmoins, dans cette variante de l'islam se trouve la substance explosive qui a conduit aux conflits de type guerre civile en Syrie. En Occident, on l'appelle "guerre civile".

Cet étiquetage est une demi-vérité, parce que c'est une guerre religieuse. Dans l'Islam en général, l'État et la religion ne sont pas séparés. Les musulmans d'autres religions n'ont pas leur place dans l'État d'Assad. Les membres de l'opposition sont bombardés, même s'ils ont un passeport syrien comme habitants du pays. Et Assad veut préserver sa politique musulmane alaouite dans son pays et ne pas partager le pouvoir avec des sunnites de foi stricte. Les Alaouites combattent les "djihadistes sunnites", pas leurs compatriotes. Du point de vue syrien, la situation politico-religieuse est différente de celle des Verts allemands, qui ne se lassent pas de parler de "guerre contre leurs propres compatriotes", comme Claudia Roth le fait constamment. Roth n'a jamais compris qu'il s'agissait d'ennemis religieux. En tant que partisane volontaire de l'islam turc, elle ne reconnaît pas non plus le caractère libéral des alaouites et sonne 'Assad doit partir'.

Les troupes d'Assad luttent non seulement contre l'opposition islamique syrienne, mais aussi contre l'État islamique, pour lequel la démarcation arbitraire des puissances victorieuses de la Première Guerre mondiale est une épine dans le pied.

Reste à voir si l'islam alaouite peut être réformable pour laisser les sunnites participer au pouvoir. Un récent document de réforme alaouite le révèle.
Les médias occidentaux ont tendance à ne capter que ce qui pourrait provoquer la chute d'Assad.
La haine de l'Occident, qui exige le renversement d'Assad, ne peut être caractérisée différemment d'une ingérence unilatérale dans la guerre religieuse intra-islamique. Et cela a toujours aggravé la situation.

L'Islam de l'ETAT ISLAMIQUE (Daesh)

Après la victoire de la guerre en Irak, les Etats-Unis ont dissous l'armée irakienne. Mais les anciens officiers de Saddam ont formé un réseau hors du contrôle américain.
Les anciens opposants militaires connaissaient très bien le pays, étaient des combattants expérimentés, ils étaient entraînés à l'intimidation, à la torture et à la peur sous le régime terroriste de Saddam. Un cadeau à l'IS.

Le calife autoproclamé Abu Bakr al-Baghdadi a recruté ces gens aguerris et professionnels.
L'État islamique suit l'exemple de l'islam primitif de Mahomet. Seules les règles du Coran et les paroles de Mahomet sont considérées comme formatrices pour le pays. En tant que calife Ibrahim, il veut gouverner le monde islamique tout entier - c'est son objectif militaire.
L'islam du calife autoproclamé est constitué de l'idéologie du VIIe siècle associée à une structure moderne du pouvoir. Le calife lui-même vit dans la clandestinité.

Il a des députés en Syrie et en Irak, bien qu'il rejette la démarcation des puissances coloniales. Au lieu de ministères d'État, la Société de l'Information a des stations de villégiature connues sous le nom de conseils. Par exemple, le Conseil de la Choura pour le strict respect de la loi islamique, la charia. Un conseil des services secrets recueille des informations sur les ennemis internes et externes. Un conseil des médias coordonne la propagande. L'important Conseil des finances vend du pétrole et achète des armes. En bref : Une gestion moderne de l'Etat, que Mohamed ne connaissait pas de cette façon, est liée à la religion du 7ème siècle.

La guerre au Moyen-Orient ne peut être comprise que comme une guerre religieuse intra-islamique. Comme dans toute guerre religieuse, les objectifs sont déterminés par des intérêts économiques tels que la lutte pour le pétrole. Le conflit est enrichi par l'impérialisme des puissances étrangères qui veulent imposer leur idée de "démocratie" sur les territoires islamiques.
La démocratie est le remède à tous les conflits et est l'une des expressions les plus utilisées par les politiciens occidentaux et allemands.

L'Islam wahhabite

Le cheikh Mohammed Ibn Abdul Wahhab de Riyad a fondé le "véritable Islam" au XVIIIe siècle. Selon ses conclusions, l'Islam a absorbé trop d'éléments étrangers au cours de l'histoire. Lorsque le roi Faisal proclama le Royaume d'Arabie saoudite en 1932, il se sentait attaché aux purs enseignements du wahhabisme. Pour que l'islam reste pur, il faut éloigner les influences culturelles étrangères du sol arabe sacré.

Les Wahhabites déclarent toute autre interprétation de l'Islam comme une déviation et les Chiites même comme non-musulmans. Le terme 'wahhabite' n'est utilisé que par les opposants de l'Arabie Saoudite. Ils se disent sunnites.
La validité globale de la religion est impérative. Par exemple, il y a un parti religieux en Arabie saoudite qui force tous les passants dans la rue à prier pendant les heures de prière.
Selon l'ancienne tradition tribale, les femmes ne sont pas autorisées à participer à la vie publique, ce qui signifie qu'elles ne sont pas autorisées à conduire une voiture. Il est également interdit à certaines femmes de chanter et de se parfumer. La mini-jupe est de toute façon interdite. Le wahhabisme est actuellement la forme la plus stricte de l'islam, et en dehors de son interprétation, aucun autre islam n'est reconnu. Le pays est protégé. Pour un voyage en Arabie Saoudite, vous avez besoin d'un visa.

Il va sans dire que l'Arabie saoudite n'accepte pas de réfugiés de la région syro-irakienne.
Ce sont des ennemis de l'Islam.
L'aide aux réfugiés saoudiens semble cependant financer la construction de mosquées en Europe afin de promouvoir la propagation de l'islam en Europe. Et l'Arabie saoudite a beaucoup d'argent grâce au pétrole. Cela fait partie du travail missionnaire de la promesse de 1979 (voir ci-dessus).

L'Arabie Saoudite est un ennemi des Alaouites et préfère voir la chute d'Assad en Syrie aujourd'hui que demain.

L'Islam chiite

Les chiites forment leur propre dénomination de l'Islam avec plusieurs sous-groupes. Leur démarcation a eu lieu peu de temps après la mort de Mohammed, alors qu'il y avait une dispute féroce au sujet de leur succession. Les chiites sont d'avis que Mohamed avait déjà nommé l'Imam Ali ibn Abi Talid - ci-après appelé Ali en abrégé - comme son successeur de son vivant. Ali était marié à Fatima, la fille de Mohamed. Comme le Prophète, Ali avait aussi des révélations et donc une légitimité divine.

Ali a été proclamé le quatrième calife 656 dans la Grande Mosquée de Médine après le meurtre de son prédécesseur, le calife Uthman. Les califes suivants ont été reconnus différemment par les chiites dans leur légalité. Seuls ceux qui appartiennent au Shia Ali, d'où le nom des chiites, sont considérés comme légitimes. La mosquée funéraire d'Ali est située dans la ville de Najaf en Irak, l'une des sept villes saintes de l'Islam chiite. L'Université Al-Mustafa dans la ville sainte de Ghom en Iran est le centre spirituel de la revendication chiite d'apporter la vraie foi chiite au monde entier.

La branche iranienne en Allemagne est problématique. Le Centre islamique de Hambourg, IZH, a été fondé en 2007, sans que le public allemand ne s'en rende compte. Elle est contrôlée directement depuis l'Iran. L'IZH veut prendre en main la formation des imams pour l'Allemagne et la qualification des enseignants, qui doivent enseigner l'Islam dans les écoles allemandes. Les mollahs non iraniens sont formés à l'IZH.
Ici, une confrontation menace avec la DITIB turque, qui à son tour le revendique pour elle-même.

D'autres groupes appartiennent à l'Islam chiite.
- Les *Ismaélites* vivent au Pakistan, en Afghanistan et en Syrie. Leur chef spirituel est l'Aga Khan, qui vit lui-même à Londres et y dirige son empire.
- Les chiites en Turquie se nomment eux-mêmes *Alevis*. Attention : Le nom ne doit pas être confondu avec celui des Alaouites, qui représentent la classe supérieure dominante à Damas sous Assad.

Une caractéristique spécifique de l'islam chiite est la lutte antisioniste. L'ayatollah Khomeini, fondateur de la République islamique d'Iran, en avait fait le principe directeur et son successeur Ali Khamenei le répète encore aujourd'hui. L'Iran considère le régime sioniste en Israël comme illégitime sur la terre sacrée de l'Islam. La conquête de Jérusalem (en arabe : al Qods) est un objectif déclaré.

A la fin du Ramadan, le mois du jeûne, les chiites célèbrent la Journée al-Qods en l'honneur de Jérusalem. Là, on entend les slogans "Mort Israël" et "Israël disparaîtra de la carte", etc. L'Iran possède ses propres brigades militaires d'al-Qods.

L'Iran s'est implanté en Allemagne avec la 'Stiftung für Islamische Studien e.V.' (Fondation pour les études islamiques). (SIS) à Berlin. Sur son site web, vous pouvez lire les objectifs : "Promotion du dialogue des religions du monde", médiation des valeurs de l'Islam à travers des offres éducatives, publications, séminaires et autres.
Le jésuite Tobias Specker parle d'une institution "interreligieuse" lorsqu'il parle de la diffusion des idées chiites. La lutte pour le "vrai Islam" n'est-elle pas le problème central de la guerre de religion ? Le conflit religieux devrait-il se dérouler sur le sol allemand comme la guerre de 30 ans l'a déjà fait ?

Le Mouvement Ahmadiyya

Le Mouvement Ahmadiyya - dont le nom complet est "Ahmadiyya Muslim Jamaat" (AMJ) - est une tentative de l'Islam de se réformer lui-même, qui a vu le jour en Inde. Son fondateur et chef spirituel est Mirza Ghulam Ahmad (1835-1908). Il se voyait lui-même comme le Messie promis qui est appelé Mahdi dans l'Islam.
En Europe, il s'est fait connaître par sa thèse selon laquelle Jésus n'est pas mort sur la croix à Jérusalem. Jésus a survécu au martyre, s'est enfui en Inde et y est mort à l'âge de 120 ans. Sa tombe était à Srinagar.

Cette communauté religieuse islamique est active dans de nombreux pays, mais elle est également considérée de manière critique. Lors d'une conférence des organisations islamiques en 1974, l'ahmadiyya a été déclaré secte renégate. Fait significatif, elle a transféré son siège social du Pakistan à Londres en 1984.

En Allemagne, l'organisation, qui s'appelle elle-même "Islamic Reform Community" et est basée à Francfort, compte 40.000 membres, selon ses propres chiffres.
Elle est reconnue comme entreprise publique en Hesse et à Hambourg. Elle a donc le même statut que les Eglises protestantes et catholiques en Allemagne. Cette reconnaissance politique de l'État en Allemagne a été couronnée de succès parce que la communauté confessionnelle ahmadiyya a un membre permanent. C'est une condition de ce règlement allemand.

On devient membre en tant qu'ahmadi par un serment de loyauté. De plus, les membres paient une cotisation mensuelle. Ces deux points, l'adhésion et les cotisations mensuelles sont par ailleurs étrangers à l'Islam. Mais ces critères ont contribué à la reconnaissance en tant qu'entreprise publique. Le mouvement ahmadiyya ne paie pas d'impôts à l'État allemand.

Le contrôle juridique de l'État n'interfère pas avec les communautés religieuses, comme il le fait avec les églises chrétiennes.
La Hesse a été le premier Département à accorder au mouvement ahmadiyya le statut d'"entreprise publique" en 2013, c'est-à-dire que les pratiques religieux sont considérés comme une mission publique. Une communauté Ahmadiyya n'est pas une association enregistrée en vertu du droit privé. La diffusion de cette orientation religieuse islamique (pourquoi cela ?) est considérée comme une tâche publique dans le Département de Hesse.
Le 17 décembre 2012, le Département de Hesse a annoncé que Ahmadiyya Muslim Jamaat est le partenaire pour l'éducation islamique dans les écoles de Ddépartement Hesse. Le journal "STERN online" a intitulé la reconnaissance religieuse le 18.12.2012 comme "décision historique". Quelles seront les conséquences ultérieures si un pays allemand choisit une direction islamique problématique comme partenaire ?

Les conflits futurs avec d'autres orientations islamiques sont inévitables !
Le fondateur Ahmad était un fanatique missionnaire. Il était convaincu que l'Islam allait conquérir le monde entier. Il se réfère au Coran dans la sourate 30, verset 57, qui dit que la montée de l'islam à notre époque "entraînera la suppression complète du christianisme moderne". Curieusement, les deux confessions chrétiennes n'ont rien contre !

L'interprétation de l'islam par la communauté ahmadiyya n'est pas acceptée par les autres courants islamiques. Dans certains pays, le mouvement ahmadiyya est persécuté.

Le journal allemand, 'Die Welt' intitulé le 13.06.2013 'L'Islam appartient maintenant officiellement à l'Allemagne' et continue :

'Récemment, Abdullah Uwe Wagishauser, président de la communauté ahmadiyya en Allemagne, a reçu un certificat d'un employé du ministère de la Culture de Département Hesse. Elle stipule que la communauté religieuse "Ahmadiyya Muslim Jamaat" reçoit les droits d'une entreprise publique. Ce qui semble compliqué est historique : la première communauté musulmane en Allemagne est donc sur un pied d'égalité avec les églises chrétiennes et la communauté juive. Elle peut établir ses propres cimetières et peut charger l'Etat de percevoir ses cotisations. De nombreuses congrégations musulmanes en Allemagne se battent pour cela depuis des années. Maintenant le premier est reconnu - et l'islam appartient désormais aussi tout à fait officiellement à l'Allemagne'.

'La ministre de la culture de Département Hesse Nicola Beer (FDP) ne veut pas faire de déclaration pour la reconnaissance de la communauté Ahmadiyya. Du ministère, on entend dire que tout cela est finalement un acte purement administratif dans lequel il n'y avait pas de marge de manœuvre'.

Le statut corporatif confère maintenant aux Ahmadiyyas certains avantages. Si, par exemple, à l'avenir un nouveau quartier d'habitation est construit en Departement Hesse, la commune concernée devra garder une place libre pour une mosquée, pour ne citer qu'un exemple parmi les nombreux droits.
Et aussi autrement cette direction religieuse fait fureur. Le 04.09.2016, 40.000 participants se sont réunis à Rheinstetten, près de Karlsruhe, à l'occasion d'une réunion du Jamaat musulman ahmadiyya. Selon la police, elle est restée paisible.

Les Alévis

A ne pas confondre avec les Alaouites,
voir ci-dessus sous la rubrique "L'Islam syrien".

Environ 20% de la population turque appartient à la foi Alevi. La proportion de Turcs vivant avec nous est probablement similaire.
On naît dans la communauté Alevite.

La religion rejette un mariage en dehors de la communauté.
Ils font face aux rites musulmans traditionnels d'une manière détendue. En tant que fête religieuse principale, ils célèbrent le Cem en mémoire de l'Ascension de Mahomet. La fête est célébrée la nuit, avec des boissons alcoolisées (souvent interdites par l'Islam), des chants et des danses et les femmes ne portent pas le foulard (qui est autrement prescrit par l'Islam). Le festival est une partie du marché du mariage pour cette communauté religieuse dans laquelle seules les personnes partageant les mêmes idées sont autorisées à se marier.

Les Alévis ont une relation ambivalente avec les sunnites turcs. Ils étaient des partisans enthousiastes d'Atatürk. Jusqu'à aujourd'hui, ils veulent la liberté culturelle et religieuse, l'émancipation et la libéralité.
Ils se méfient du réveil actuel de l'Islam sous Recep Tayyip Erdogan. Les sunnites ne les considèrent que comme des adeptes de l'islam arabe.
En tant que réfugiés ou citoyens naturalisés, les Alévis auront le moins de problèmes avec les différentes conditions culturelles en Allemagne.

L'Islam pakistanais

L'islam pakistanais a connu son empreinte théologique à travers la coexistence, la rivalité ou la controverse, mais aussi la pénétration mutuelle avec l'hindouisme.
Le conflit religieux dans le sous-continent indien a abouti à une solution à deux États : Ceux qui veulent vivre islamiquement peuvent s'installer au Pakistan.
En Inde, les règles de l'hindouisme s'appliquent.

Dans aucun autre pays islamique, le soufisme, c'est-à-dire le mysticisme islamique, n'est aussi prononcé qu'au Pakistan. Les supposés gardiens du véritable islam, les wahhabites saoudiens, les accusent d'être revenus au polythéisme avec leur culte des saints et des tombes. Mohamed l'avait résolument combattu à La Mecque. L'orthodoxie de l'islam va jusqu'au tribunal avec la variante pakistanaise. La compétition du soufisme et du salafisme a une tradition.

L'imam Wahhab a dévasté les tombes des saints soufis. Aujourd'hui, le SI a pris le relais avec les attentats à la bombe au Pakistan.
Le président turc Recep Erdogan attaque l'influence du soufisme sur son ancien compagnon et ennemi amer Fethullah Gülen. Il avait utilisé l'Ordre Naqschbandia du Cheikh Nazim (Soufis) dans son coup d'Etat en Turquie.

L'Islam afghan

Le grand mérite de Mohamed pour la péninsule arabique fut l'unification des clans familiaux en une seule nation. L'Afghanistan est encore dans une "ère pré-Mohamed". L'Union soviétique voulait imposer un avenir meilleur au pays d'une manière communiste. Cela a échoué. Après les attentats du 11 septembre 2001 à New York, les États-Unis ont voulu liquider le nid d'Al-Qaïda de Ben Laden. Les États-Unis ont également échoué en Afghanistan. En tant que son successeur, la Bundeswehr allemande, entre autres, devait conduire le pays vers la démocratie selon les lignes occidentales. Les visites de Madame von der Leyen n'ont pas non plus été couronnées de succès, ni militairement ni politiquement, même si les politiciens officiels en parlent bien. L'Afghanistan doit être classé comme le pays islamique le plus arriéré. Il y a un choc culturel particulièrement important pour les réfugiés qui sont arrivés en Europe.

L'Euro-Islam'

Il n'y a pas de telle direction. Il est académique, n'existe que sur le papier. C'est un vœu pieux. Bassam Tibi de l'Université de Göttingen a introduit le terme.

Il contient l'exigence que les principes de l'islam s'unissent aux valeurs de la culture européenne. A cette fin, l'Etat et la religion doivent être séparés. Mais cela contredit fondamentalement l'Islam. La religion islamique est en même temps une politique d'État.

Si une minorité de musulmans en Europe est si libérale qu'une telle synthèse serait possible, l'Euro-Islam n'a pas encore été baptisé. Les États importants de l'Islam ne laisseront pas l'Islam leur échapper pour façonner et déterminer ce qu'est l'Islam. Un paternalisme européen ne peut accepter une direction islamique.

L'atlas mondial recense 57 États qui ont une forme ou une autre d'islam comme loi d'État. Dans ces pays, plus de 50% de la population appartient à une confession islamique.

Partie III : L'Islam et l'Allemagne

L'ancien président fédéral Christian Wulff a utilisé l'expression "l'Islam appartient à l'Allemagne" comme s'il s'agissait d'une déclaration. La chancelière Merkel a également répété la phrase. Cela ne peut pas être un fait, car l'islam n'existe pas en tant qu'entité unique, comme on peut le voir dans les différentes directions.
La phrase de la bouche d'un haut gradé doit-elle être comprise sans méfiance, de manière provocante, situationnelle ? En tout cas, il est vide de contenu parce qu'il ne dit même pas de quel Islam il s'agit. Mais lorsqu'on entend la sentence d'un gouvernement, cela semble

programmatique à l'effet que l'on veut faire plus pour les intérêts islamiques à l'avenir. Cela comporte le grand danger pour l'Allemagne d'être entraînée dans des guerres intra-islamiques. Il faut voir la réalité : **Pourquoi y a-t-il une guerre au Moyen-Orient ?**

Sur la base de l'évaluation de la liberté religieuse, le public allemand ne s'intéresse guère à la religion. Les politiciens allemands, aussi, suivent à peine les impulsions missionnaires que les pays islamiques apportent à l'Allemagne. C'est une façon dangereuse de détourner le regard, si l'on considère que c'est le conflit sur les chefs religieux en Islam qui a conduit à la guerre au Moyen-Orient. **Sans l'inclusion du facteur "religion", la guerre actuelle ne peut être comprise.** Certes, une guerre religieuse implique toujours des facteurs économiques et nationaux, ainsi que la soif de pouvoir des dirigeants individuels et des groupes, entre autres.

Au cours des siècles passés, l'Allemagne a souffert tristement des guerres de religion. Une telle chose ne devrait pas être répétée !

L'auteur allemand, Rainer Hermann, formule sous le titre 'Endstation islamischer Staat?' ('La derniere ârret de l'Etat Islamique?') la comparaison avec les guerres de religion en Allemagne. Il voit "des parallèles avec la guerre de Trente Ans en Europe. Comme en Europe à l'époque, le monde arabe d'aujourd'hui est un mélange de lutte pour le pouvoir politique, de domination des questions religieuses et de volonté d'utiliser la violence pour produire une boisson toxique. Personne ne sait quand cette 'guerre de trente ans', qui ne fait que commencer, prendra fin. Et elle atteint déjà en profondeur dans nos sociétés."

Islam allemand ?

L'objectif politique des Verts exige que l'islam allemand soit le meilleur moyen d'intégration. Comme une telle demande est aveugle pour la réalité religieuse. Le différend sur l'islam vrai et correct est à l'origine du clivage entre Téhéran, Bagdad, Istanbul, Damas et Riyad, pour ne citer que les plus importants. Une université islamique allemande à Hambourg, Cologne, Duisburg ou Berlin doit-elle devenir une cible ? Il y a un grand danger que l'un ou l'autre des mouvements islamiques mentionnés ci-dessus classifie l'Islam allemand comme un Islam renégat et le combatte.

Qui détermine alors dans l'Islam allemand ce qu'est l'enseignement pur au sens de Mahomet ? Claudia Roth, de parti Ècolo et membre du gouvernement allemand, qui a une grande tendance pour là Turqui ou Katrin Göring-Eckard, aussi de parti vert ,avec un diplôme de théologie non fini? En plus de tout cela, le véritable Islam ne se trouve qu'en langue arabe. Une traduction dans une autre langue n'est pas autorisée.

Les anciennes universités Al-Azhar au Caire, ou en Arabie saoudite en tant que gardiennes des lieux saints, les imams chiites d'Iran, l'imam-Muhammad-bin-Saud-Islamic-University of the Wahhabis à Riyadh ou les Alawites à Damas, voire l'Etat islamique, et surtout en vue d'un Monsieur Erdogan en Allemagne voient la surveillance de la véritable doctrine comme leur propre affaire. Ils ne peuvent pas tolérer que les Allemands sachent tout de l'Islam !

Quiconque possède sa propriété près d'un tel centre religieux islamique allemand prévu vivra dangereusement à l'avenir. Exprimé dans l'image : Une 'fusée' peut venir de n'importe quelle direction.

Ne suffit-il pas que le dirigeant du Bosphore veuille liquider le mouvement Gülen en Allemagne, qui lui est hostile ? Ses services secrets espionnent les ennemis religieux. D'autres groupes religieux ne sont pas traités "démocratiquement". Quiconque soutient le contraire n'a pas compris la guerre de religion en Orient.

Erdogan ne veut pas non plus d'un islam allemand. Il veut définir l'islam turc dans son ensemble comme le seul véritable islam en Allemagne et l'avoir fermement sous contrôle. Les politiciens verts sont ses meilleurs assistants, même si Özdemir se défend avec véhémence d'être mentionnée avec Erdogan d'un seul coup.

Un résultat provisoire

- Nos politiciens n'ont aucun instinct pour les dangers que représentent pour l'Allemagne les tendances islamiques hostiles. Ils amènent négligemment des "réfugiés" et leurs familles dans le pays. En raison de l'expansion guerrière de la population, pratiquement tout le monde, quelque part, est considéré comme politiquement et religieusement persécuté.
- L'Allemagne, en tant que législateur, n'est évidemment pas en mesure d'adapter les clauses d'asile préhistoriques à l'évolution de la situation actuelle.
- L'idéologie de Merkel en matière d'asile est tout aussi anachronique que le fanatisme musulman, qui veut aujourd'hui créer une communauté selon les règles de Mahomet du VIIe siècle.
- Les responsables de la politique intérieure ignorent le danger que représente l'agitation effrénée des institutions islamiques existantes en Allemagne. Une exigence politique selon laquelle l'Allemagne a besoin d'une loi islamique (laquelle ?) ne peut être qualifiée que de mal jugée et irréaliste, car chaque groupe islamique á ses règeles.

Le statut religieux public de l'islam ?

Les représentants de l'islam essaient d'être reconnus par l'État allemand de la même manière que les églises chrétiennes.
Ils s'efforcent d'obtenir un traité d'État.
Pour la politique locale allemande, il s'agit concrètement de la reconnaissance des groupes islamiques par un traité d'Etat et qui leur est lié comme société reconnue de droit public. On veut avoir le même privilège que les églises en Allemagne.

Cela accorderait des droits sociaux d'une grande portée à la partie contractante islamique : on reste financièrement sans contrôle de l'Etat, on peut formuler ses propres lois dans sa propre sphère religieuse (comme les Eglises l'ont exploité depuis longtemps). La participation du public s'étend jusqu'aux organes de contrôle de la radio et de la télévision. On peut réserver des temps d'émission pour les émissions islamiques en arabe à la télévision allemande !
La codétermination s'adresse principalement à l'enseignement religieux dans les écoles. Mais le groupe islamique se réservera également une place attrayante pour la construction d'une mosquée lors de la planification d'une nouvelle zone de développement dans les villes.
L'Arabie saoudite a fait savoir à l'Europe qu'elle financera la construction de mosquées. L'islam affirme également ses revendications en matière de conception de cimetières.

Dans quelle mesure la vie publique peut-elle être façonnée par l'Islam ? La chancelière avait dit que les réfugiés changeraient notre pays. Mais est-ce que la majorité des Allemands veulent cela ? Un tel changement est-il compatible avec la culture allemande développée afin d'éviter que le ministre de Maizière ne parle avec émotion de la culture allemande dominante ?
Par mesure de sécurité, l'électeur allemand n'a pas été invité à voter.

Les règles de vie, qui remontent à Mohamed depuis le 7ème siècle, seront décrites dans ce qui suit. Quelles sont les habitudes de vie dans les pays islamiques ?

Ensuite, nous devons nous demander comment ils peuvent s'harmoniser avec la Loi fondamentale allemande.

Partie IV : Règles de vie islamiques

Dans l'islam, la religion et l'État sont inséparables. Il n'y a pas d'espace rituel à côté de l'état. La politique est liée à l'ensemble du peuple et en même temps à l'exécution de la volonté divine. En outre, il n'y a pas d'église avec des doctrines compliquées.

Les musulmans pratiquent leur foi - sans avoir besoin d'un traité d'État - en respectant cinq piliers.

- Shahada - Credo
- Salade - prière quotidienne obligatoire
- Zakad - charité pour les nécessiteux
- Hem - jeûne au Ramadan
- Hadj - Pèlerinage à La Mecque

Le nom "**Islam**" signifie soumission.
Un "**musulman**" est celui qui se soumet.

1) Le premier pilier est le credo de l'islam : ashhadu al-la ilaha illa-Llah, wa schhadu anna muhammad ar-rasul Allah. (Je confesse qu'il n'y a de divinité qu'Allah et que Mohamed est le Prophète d'Allah). L'ange Gabriel dit la Shahada à Mohamed. Si quelqu'un veut devenir musulman, il doit prononcer cette confession devant deux témoins, alors il est musulman. Il n'y a pas d'inscription dans les registres paroissiaux. L'islam n'a pas une structure similaire à celle des églises. La formule de foi Shahada est également utilisée en abrégé à d'autres occasions. Le père chuchote à l'oreille de son enfant. La personne mourante reçoit les croyances sur son lit de mort afin qu'elle connaisse les bonnes réponses dans l'au-delà :
Qui est Dieu ? Allah .

Votre religion ? L'islam.
Qui est le Prophète ? Mohammed.
L'époque de Muhamad était une époque d'analphabétisme. Un credo aussi simple était compréhensible pour tout le monde.

2) Le deuxième pilier est la prière. Une religion doit être active tous les jours. Le croyant doit prier cinq fois par jour avec vue sur le sanctuaire de la Mecque. Le regard de prière du Juif croyant vers Jérusalem était familier à Mahomet. Il change la direction de la boussole pour ses croyants. Qibla signifie " vers La Mecque ". Le mur de la qibla dans une mosquée est orienté vers la Mecque, la plupart du temps reconnaissable par une niche semi-circulaire. Le croyant devrait se tourner vers cette niche de prière, mihrab. L'appel à la prière est fait par le muezzin. Du minaret, on l'entend durablement sur les toits d'une ville. À l'ère de l'électronique, une application sur un téléphone portable nous rappelle quand la prière est due.

La prière comprend une posture spéciale, le raka, l'archet. La personne en prière s'agenouille sur le tapis de prière et enlève ses chaussures. Le front et les deux paumes doivent toucher le sol. Quand plusieurs musulmans prient ensemble, ils s'alignent dans l'ordre. Un chef de prière se tient devant eux, l'Imam.
En plus de la prière quotidienne, la prière du vendredi, la dschuma, a une signification particulière. Les fidèles se rassemblent dans une mosquée. La mosquée est une salle de réunion plutôt dépouillée où il n'y a pas de tableaux ou de vitraux colorés. L'imam prononce un sermon, khutba, à partir d'un bureau ou d'une chaire près de la niche de prière. Une surveillance des sermons existe également dans les états musulmans, de sorte que la doctrine pure est préservée. Mais surtout, on connaît le danger que des slogans anti-étatiques ou insurgés puissent être diffusés.
Les mosquées spéciales se caractérisent par une architecture exceptionnelle et possèdent un minaret.

3) Le troisième pilier a un contexte historique. A l'époque de Mahomet, l'Arabie est amèrement pauvre. Une distribution plus équitable de la nourriture devient une affaire religieuse pour le patron. Les idées viennent de Jean-Baptiste. Son sermon est basé sur la phrase : "Celui qui a deux chemises en donnera une à celui qui n'en a pas. Et celui qui a quelque chose à manger le partagera avec les autres. C'est un commandement de Dieu de donner quelque chose aux pauvres ("aumônes"). Dans l'imagerie du Coran, cette action ressemble à une graine qui pousse sept épis de maïs et qui contient 100 grains dans chaque épis.
Les autorités fiscales des pays islamiques prélèvent 2,5 % des revenus. En comparaison, le "dixième de l'église", c'est-à-dire 10% pour l'Etat chrétien, était déjà 4 fois plus cher. L'actuel ministre des Finances de l'État chrétien-démocrate fait preuve de beaucoup plus d'audace.

4) Le quatrième pilier est connu de la tradition judéo-chrétienne du jeûne. L'Islam l'adopte et l'étend au Ramadan, le mois du jeûne. Par le jeûne, le musulman peut faire l'expérience de la privation dont les pauvres souffrent toujours. Le jeûne est valable toute la journée, ne pas manger, boire, fumer, ne pas avoir de rapports sexuels. Elle commence quand "à l'aube, le fil blanc se distingue du fil noir" et dure de ce moment jusqu'à la tombée de la nuit. Pour de nombreux musulmans, l'observance du jeûne est l'exigence la plus consciencieuse. A la fin du mois de Ramadan, la "fête de la rupture du jeûne" est célébrée à grande échelle. Ils se font mutuellement des cadeaux, mangent et boivent abondamment, mais font aussi un don supplémentaire aux pauvres.
Le judaïsme a adopté une interdiction générale de l'alimentation : Il est également interdit aux musulmans de manger du porc.

5) Le cinquième pilier concerne un pèlerinage à la Mecque. Le Hadj

est le grand objectif dans la vie d'un musulman de voyager une fois dans sa vie à La Mecque, la ville sainte du Prophète. En ces temps de forte augmentation de la population mondiale, en particulier dans le monde islamique, le Hadj représente un défi logistique pour le gouvernement saoudien. Chaque année la vie de pèlerin venu entourent la "Pierre Noire" est enlevée, vu le nombre de la condensation de la foules. Les non-musulmans sont considérés comme impurs et ne sont pas autorisés à participer au Hadj. Cette grande destination touristique du Hadj unit les musulmans comme une famille. Le pays d'origine ne joue aucun rôle. Tous portent la même robe blanche sans ourlet, il n'y a pas de différence entre homme et femme, il n'y a pas de barrière de race ou de nationalité, seulement celle de religion.
Le Hadj est une grande communauté religieuse.

Partie V : Loi fondamentale et exercice religieux

La Loi fondamentale de la République fédérale d'Allemagne stipule à l'article 4 que
1) La liberté de foi, de conscience et de croyance religieuse et philosophique est inviolable.
(2) La pratique de la religion sans perturbation est garantie.
(3) Nul ne peut être contraint de faire son service militaire avec une arme contre sa conscience. D'autres détails sont réglés par une loi fédérale.
La liberté de croyance est un droit individuel. Je peux croire en quel Dieu si je veux ou en aucun. Je peux l'avouer librement et publiquement.
La pratique non perturbée de la religion (2) est toutefois soumise à des conditions.
Karl Albrecht Schachtschneider, expert en droit constitutionnel, juge comme suit : - raccourci en raison de la longueur -
"L'islam n'est pas seulement la foi, mais aussi la justice pour le croyant. La

plus haute loi est la Charia fondée dans le Coran et la tradition coranique, qui, descendue par Allah pour toute l'humanité, ne doit pas être ignorée par les musulmans. Toute politique doit se conformer à cette loi de Dieu.
Tous les musulmans, chacun individuellement et tous ensemble, la Umma, surtout les juristes théologiens, veillent sur elle. La communauté islamique est un état divin.
En raison de la liberté religieuse, cette islamisation n'est pas seulement acceptée par la Fédération et les pays, mais elle est également promue avec enthousiasme par une grande partie de la société, surtout par les églises, les médias et les partis politiques, car l'Allemagne veut être un modèle pour le monde en tant que havre des droits humains. Mais une telle liberté de religion d'une telle portée n'existe ni en tant que droit de l'homme ni en tant que droit fondamental.
Ainsi, la cour transforme les droits fondamentaux qui protègent le monde religieux en un droit fondamental du monde politique. La prétendue liberté de religion devient le bastion politique le plus fort de l'Islam.
Le contraire de cette pratique et de cette doctrine est la situation juridique. Les droits religieux fondamentaux ne donnent pas de droits politiques.
Mais les religions ne doivent avoir aucune influence sur la vie politique. Ils ne peuvent revendiquer plus que leur tolérance, la tolérance de l'État et des citoyens. Non seulement l'État doit maintenir sa neutralité à l'égard des religions, mais aussi les fidèles envers l'État.
La liberté de religion est peut-être le droit humain le plus important, mais il n'existe aucun droit politique. L'article 4.2 de la Loi fondamentale accorde un droit d'action religieux dans la sphère privée et publique, la garantie de la pratique ininterrompue de la religion. Ce droit fondamental, qui protège le culte, le diaconat ou la charité, l'instruction religieuse et d'autres choses, est démontré par l'article 136.1 WRV, qui est incorporé dans la Loi fondamentale par l'article 140 GG, pour avoir la priorité sur "les droits et devoirs civils", c'est-à-dire les lois. Cette priorité est obligatoire pour le pluralisme religieux républicain. Elle limite le droit de pratiquer d'une religion garantie par l'article 4.2 de la Loi fondamentale. Ce n'est pas un droit de restreindre les citoyens ou l'État avec des maximes religieuses, pas

un droit à la politique.
Ce n'est que dans le cadre des lois de l'État que le croyant peut agir religieusement et la souveraineté législative générale de l'État n'est pas limitée par les droits fondamentaux de la religion.
Le religieux, cependant, est privé et non étatique. La vie privée et la publicité ne sont pas contradictoires. Ceux qui veulent ainsi faire respecter une politique ne peuvent invoquer les droits religieux fondamentaux.
Les commandements ou interdictions des religions qui combinent différents ordres de vie avec le plus haut, à savoir le caractère divin et contraignant, ne conviennent pas comme maximes de la politique en raison du pluralisme religieux. Ils ne peuvent mener à un consensus simplement parce qu'ils sont tirés d'une écriture sacrée qui n'est pas sacrée pour tous les citoyens.
La foi n'a pas pour objet la vérité mondaine et ne peut donc pas contribuer à la loi juste pour le monde.
L'islam est incompatible avec l'ordre de base démocratique libre. Il exige l'état divin. Toute règle des hommes sur les hommes est commandée par Allah. La démocratie, la séparation des pouvoirs, l'opposition sont étrangères à l'Islam. Les droits de l'homme dans la communauté islamique sont soumis à la charia.
La protection de l'article 4.2 de la Loi fondamentale, qui garantit la pratique ininterrompue de la religion, présuppose la sécularisation durable des fidèles et de leurs communautés.
Qui veut introduire la charia islamique en Allemagne, s'engage à éliminer l'ordre constitutionnel."
Le livre 'Grenzen der Religionsfreiheit am Beispiel des Islam' (Les limites de la liberté religieuse à travers l'exemple de l'Islam) le présente en détail.

Les droits de l'homme dans l'Islam

La référence aux droits de l'homme a joué un rôle majeur dans l'accueil des "réfugiés" en Allemagne. Les Verts n'étaient pas les seuls à pouvoir argumenter haut et fort. Mais à quels droits de l'homme les réfugiés ont-ils droit ?

Quand la discussion actuelle parle des droits de l'homme, tout le monde pense à la Déclaration des droits de l'homme des Nations Unies de 1948, mais ce que vous ne savez pas : Les États islamiques ont déclaré leur propre conception des droits de l'homme au Caire en 1990.

Il s'agit de la "Déclaration du Caire sur les droits de l'homme en Islam".
La charia est la loi suprême ici. L'article 2 stipule : "Tout État est tenu de protéger le droit à l'intégrité physique à moins qu'il n'y ait une raison prescrite par la charia".
Il n'y a pas d'intégrité physique pour les punitions islamiques telles que le fouettage, le sectionnement de parties du corps, etc. ces punitions Hudud ne sont pas seulement permises, mais prescrites.
Le coupé de pied ou la main, par exemple, est un droit humain !
Le plaignant insistera sur cette loi et les condamné le subira.

La Déclaration du Caire sur les droits de l'homme dans l'islam a été signée de 45 ministres des affaires étrangères des États arabes.
Selon les articles 6 et 7, les hommes et les femmes n'ont pas les mêmes droits.
Art. 24 : Tous les droits et libertés mentionnés dans cette déclaration sont soumis à la charia islamique.
Art. 25 : La charia islamique est la seule source compétente pour l'interprétation ou l'explication de chaque article de la présente Déclaration.
Le problème formel est que la charia n'a jamais été codifiée sans ambiguïté.
La Charte des droits de l'homme de l'ONU prévoit l'asile contre la persécution dans d'autres pays. Aucun asile n'est accordé dans les

pays arabes pour une infraction religieuse.
Un dilemme pour les militants des droits humains.

Quand les politiciens allemands pensent qu'ils doivent exiger le respect des droits de l'homme pour les réfugiés, ils introduisent la charia dans le pays.

Partie VI : L'attitude des Eglises à l'égard de l'Islam

L'Église catholique et l'islam

Au Concile Vatican II (1962-1965), l'Eglise catholique a donné à sa théologie un changement de cap décisif : l'Allah islamique a été déclaré identique au Dieu trinitaire du Christianisme. ("Nostra aetate" et "Lumen gentium"). Une nouveauté absolue. Il s'agissait d'un revirement par rapport à tous les siècles précédents de l'histoire de l'Église chrétienne.

Le Pape Jean XXIII avait initié et convoqué le Concile Vatican II. Il s'intéressait avant tout à une nouvelle compréhension théologique en relation avec Israël. Il souffrait d'une grande culpabilité envers les Juifs face aux atrocités du passé. Sa fervente prière était : " Pardonne-nous la malédiction que nous avons prononcée sur les Juifs en ton nom ". Jean XXIII s'est retiré de la vie en 1963. Son successeur fut Jean-Paul II, l'ancien cardinal polonais Karol Wojtyla. Lors d'une tournée de réconciliation avec d'autres religions, le Concile Vatican II a étiqueté Allah comme le même créateur du monde que celui qui est son propre Dieu dans la confession chrétienne. Du grand père Augustin à Luther en passant par la Contre-Réforme des Jésuites, les choses ont été vues différemment. On peut parler d'une révolution théologique qui a eu lieu à ce Conseil.

L'identité d'Allah avec le Dieu du christianisme a été déclarée la doctrine contraignante de l'Église catholique !

Le Pape Jean-Paul II s'est toujours tenu à cette décision du Concile. Le discours du Pape au stade de Casablanca au Maroc a été particulièrement spectaculaire pour le public. Plus de 100.000 personnes de confession musulmane s'y sont rassemblées le 20 août 1985. Le Pape les a appelés, je viens à vous en tant que croyant, nous croyons en lui, le seul Dieu.

Le Concile Vatican II a changé l'Église catholique. Le Pape Benoît XVI a scellé ce changement en béatifiant son prédécesseur le Pape Jean-Paul II le 1er mai 2011.
Le Vatican entretient de bonnes relations avec les pays islamiques. Jean-Paul II a été le premier pape à prier avec les musulmans à la mosquée omeyyade de Damas en mai 2001.
La Conférence épiscopale allemande de 2003, dans son aide de travail "Chrétiens et musulmans en Allemagne", s'y déclare favorable "Le christianisme et l'islam représentent deux approches différentes du même Dieu".
Helmut Zott, l'ècrivain allemand, juge : " Au Concile Vatican II, l'Église catholique s'est unie à l'Islam et s'est attachée à Allah islamique en déclarant que l'identité d'Allah avec le Dieu du Christianisme est une doctrine contraignante, qui ne peut être décrite que comme une aberration, une illusion et une erreur du millénaire... Il devient par cette erreur fondamentale l'étrier du développement du pouvoir de l'Islam, et dans le contexte de la prise du pouvoir de l'Islam, il finira par périr dans ce rapport lui-même et avec lui l'Occident chrétien..."

Église protestante et Islam

Le Conseil de l'Eglise protestante a présenté son avis sous la forme d'un "manuel". L'Église protestante est liée à l'article 4 GG (2), "La pratique non perturbée de la religion est garantie" et en conclut : *"La liberté de religion en tant que droit fondamental collectif ne se limite pas aux Églises chrétiennes, mais appartient à tous - et donc aussi aux différentes communautés religieuses islamiques"*.

En même temps, l'Église restreint : *"Néanmoins, la liberté de religion n'est pas illimitée"* (32) La ligne rouge pour l'Église protestante est : *"La liberté religieuse des musulmans ne s'étend pas à l'applicabilité de la loi islamique (Charia). L'ordre juridique de l'État de droit démocratique et libre de la République fédérale d'Allemagne est contraignant pour les musulmans qui y vivent"*. (32) N'est-ce pas la quadrature du cercle ?
L'Église ignore le concept islamique de religion, qui ne connaît aucune séparation entre l'État et la religion. Dans l'islam, la vie de l'État est toujours déterminée par la religion.

Le manuel se rapproche un peu plus de la conception islamique en ce sens qu'il déclare : *"Selon la Loi fondamentale, la pratique de la religion n'est pas seulement une affaire privée de l'individu. Les communautés religieuses islamiques ont les mêmes droits de participation à la vie publique que les Eglises chrétiennes"*. Tant l'Islam que l'Eglise protestante prétendent façonner la vie publique.

N'y a-t-il pas conflit d'intérêts? Depuis la Paix d'Augsbourg, l'Église catholique a façonné la vie publique dans les pays catholiques. Il en était de même pour les Eglises protestantes dans les pays protestants. Qui réglementera le passage mains-en-mains avec les différents mouvements islamiques à l'avenir ?

L'Islam pourrait initier une loi selon laquelle au Ramadan, le mois du jeûne, tous les restaurants doivent rester fermés du lever au coucher du soleil.

Jusqu'à présent, l'église a façonné la culture allemande dans son histoire avec ses jours fériés. Beaucoup de choses pourraient changer là-bas.

Des cultes communs, des prières communes ? Trouvons-nous un terrain d'entente religieux dans la prière ? Le manuel demande : "Peut-il y avoir une prière commune ?"

Dans la réponse, cependant, le Conseil de l'EKD (L'Élgise Evangélique en Allemagne) ne se concrétise pas, mais exprime plutôt une déclaration claire quant à savoir si l'on prie le même Dieu. Ce n'est qu'à ce moment-là que cela fonctionnerait ensemble. La déclaration de l'Église se lit comme suit :

"L'Esprit de Dieu [de quel Dieu est-ce qu'on parle ici ?] *n'est pas un esprit d'arbitraire. Il nous lie à la Parole de Dieu et aiguise notre conscience. La conscience ne doit pas être déformée. Elle résiste à la nature même de la prière, à l'instrumentalisation et à l'abus de ce qui nous paraît utile. Par conséquent, les différences existantes ne doivent pas être exagérées et ignorées. La sincérité, la sensibilité et le sens des proportions sont en tout cas indispensables pour toutes les personnes concernées"* (28).

Du bluff pastoral. On ne sait pas très bien, tant sur le plan grammatical que sur le plan du contenu, ce que l'EKD entend par "instrumentalisation". Le manuel ne donne pas de réponse à la question d'une pratique de prière commune. Seule la vie quotidienne peut montrer si les fidèles protestants font leur pèlerinage dans les mosquées en foule pour prier où les musulmans s'agenouillent en direction de la Mecque ? Est-ce que Mme Käßmann (Théologien) y va aussi pour prier ?

Contrairement à l'islam, la pratique de la prière des chrétiens est plus susceptible d'être un événement privé dans une salle tranquille. Aucun chrétien ne se hâte de prier à l'appel de prière du muezzin du minaret.

Le manuel du Conseil de l'Église protestante se fonde sur l'observation que la pratique de la prière dans le christianisme et celle de l'islam ne sont pas compatibles.

La majorité des croyants des deux religions trouveront totalement absurde que musulmans et chrétiens veuillent prier ensemble. Sur ce point, un non clair à une pratique religieuse commune aurait contribué à plus d'ouverture et de pertinence pratique.
Les chrétiens perçoivent les remarques faites comme irréalistes. Ils respirent l'ingratiation à tout prix.
La distance qui sépare les protestants de leurs dirigeants d'église augmentera. Au vu de l'augmentation de l'islamisation, seule Margot Käßmann se réjouit : "J'attends avec les imams de nombreuses conversations intéressantes".

Il est honteux de voir comment Madame Merkel avec son invité Obama, de Maizière et un prince religieux islamique de haut rang a façonné le Congrès de l'Église protestante de 2017. Comment Madame Käßmann, en tant qu'ambassadrice du mémorial Martin Luther vieux de 500 ans, a corrompu la liberté et l'indépendance de l'Eglise ! Mme Käßmann est intervenue sans vergogne dans la campagne électorale du Bundestag (parlament allemand) en affirmant qu'en tant que chrétien, ils ne peuvent pas voter pour l'AfD (Alternative für Deutschland = Alternative pour l'Allemangne). C'est l'esprit du front uni à la RDA. La controversée Margot Käßmann ne semble pas remarquer que la démocratie a besoin d'opposition pour fonctionner. Et cela n'existe plus depuis que Mme Merkel est passée de la politique bourgeoise de son parti à l'idéologie rouge-vert.
Exactement le contraire de l'esprit de Luther - quelle commémoration réussie de la pensée de Réforme en Allemagne en 2017 !
De même, l'unité religieuse de Maizière avec son invité sunnite

d'Egypte au Kirchentag était un signal dans la mauvaise direction. Le Grand Cheikh Ahmed el-Tayeb n'est pas n'importe qui. Il est l'un des plus influents, à la tête de l'Université al-Azhar au Caire, un centre traditionnel du pouvoir sunnite. En Allemagne, il pourrait au mieux appeler les sunnites arabes parmi les réfugiés (dont personne ne connaît le nombre !) à la paix.

Mais pour une réconciliation des religions, c'est ne pas la bonne personne. Pour M. Ahmed el-Tajjib, il faudrait d'abord et avant tout exiger qu'il soit mis fin à la guerre de religion intérieure islamique, qui représente le danger réel pour la paix mondiale.
Le chef religieux Ahmed el-Tjjib devrait plutôt convoquer un "Kirchentag" avec les opposants religieux en Iran, en Turquie, en Arabie saoudite, à Damas, etc. au lieu de se rendre en Allemagne pour rencontrer des dignitaires et des politiciens. Pour quelle raison il est ici? Que veux t'il faire ici?
Mais le ministre de l'Intérieur, Thomas de Maizière, n'a évidemment pas cette dimension des religions da sa vision.
D'ailleurs, la discussion sur l'Islam ne peut pas être la tâche première d'un Kirchentag protestant allemand.
C'est mauvais pour l'esprit luthérien en cette année de commémoration de 500 ans avec la "liberté d'un chrétien", comme le titre de l'un des écrits de la Réforme de Luther le dit.
M. Tajjib a indiqué que son université avait mis en place un cours intensif de deux mois à l'intention du clergé musulman de l'étranger. Spontanément, Monsieur de Maizière a exprimé le souhait qu'une telle chose se produise également en Allemagne. Pardon ? Quelle pensée a t'il?
Ce ministre de l'Intérieur, animé par la charité chrétienne
importe en Allemagne le conflit intra-islamique dans un tel but. De Maizière ne sait-il pas que les partis islamiques sont dans une guerre sans merci ?
Ce n'était pas une idée de paix de Lothar de Maizière au Kirchentag.

L'attitude de l'Église protestante insuffle à l'islam l'esprit de l'étreinte amoureuse. À tout va, on essaie de réconcilier les deux religions. Beaucoup de chrétiens auront honte de ce genre dintegration. Ce qui ne va pas ensemble ne peut pas croître ensemble ici. Combien de temps les chrétiens d'Allemagne toléreront-ils un tel sort de leurs bergers ?

Hans-Peter Raddatz, un économiste allemand, consultant et journaliste, souligne l'adaptation unilatéral :'Tant que la nouvelle foi du Dieu commun resteront valables, le rapprochement des deux formes religieux de foi pourra se poursuive, pour autant que ce ne sois pas une voie à sens unique.

La convergence a lieu sous les changements massifs de l'église avec l'islam, il y a des églises dans lesquelles le Coran est constant interprété. Alors que dans les mosquées on ne trouve pas des Bibles.

Ce sont les chrétiens qui encouragent la construction de mosquées en Europe et non les musulmans qui soutiennent la construction d'églises en Orient. Ce sont les chrétiens qui prient dans les mosquées européennes et les musulmans qui tuent les chrétiens dans leur pays.'

Partie VII : Un regard sur l'histoire

Le christianisme s'est répandu de Jérusalem à toute la région syrienne. Antioche et Damas étaient des centres chrétiens importants. La mosquée omeyyade de Damas était à l'époque chrétienne la cathédrale de Jean avec le sanctuaire de Jean le Baptiste.
L'armée islamique a conquis la ville en 635.

Le traitement des chrétiens soumis était régi par le Pacte d'Oumar, du nom du calife Oumar Ier.

Le Pacte d'Omar a la forme d'une lettre. Les vaincus (dhimmis) demandent la protection du dirigeant islamique.

Et le souverain accorde alors généreusement cette protection.

Ce n'est pas le calife qui exige l'obéissance. Non, on s'attend à ce que les sujets montrent leur soumission. Ce n'est qu'avec un tel comportement qu'ils peuvent être protégés et tolérés. Ce pacte de l'an 637 est fondamentalement toujours valable aujourd'hui et est devenu la ligne directrice pour traiter avec les personnes d'autres religions dans les pays islamiques.

Dans le **Pacte d'Oumar**, les chrétiens s'engagent à
- Nous ne témoignerons pas publiquement de notre religion ni ne convertirons qui que ce soit à celle-ci.
- Nous n'empêcherons aucun d'entre nous de nous convertir à l'Islam s'il le souhaite.
- Nous respecterons les musulmans et nous nous lèverons de nos chaises chaque fois qu'ils voudront s'y asseoir.
- Nous ne montrerons pas de croix sur nos églises ou nos croix et nos livres sacrés dans les rues des musulmans ou sur leurs marchés.
- Nous ne prêcherons pas à haute voix quand un musulman est présent.
- Nous n'essaierons pas de ressembler aux musulmans en nous adaptant à leurs vêtements, tels que foulard, chaussures ou coiffure.
- En signe, nous allons nouer autour de notre ceinture (Zunar).
- Quiconque lève délibérément la main contre un musulman perd la protection de ce pacte.

L'oppression des vaincus est fondée sur la religion. Les personnes d'autres religions doivent être reconnaissables de l'extérieur et se comporter avec soumission. Ils sont également exploités par une taxe plus élevée. Ce n'est pas la même chose pour tout le monde.
En général, l'État islamique perçoit une taxe de 2,5 %. D'autres croyants ont dû payer un impôt plus élevé à l'Etat, mais ont été autorisés à garder leur foi.
S'ils se convertissent à l'islam, l'impôt plus élevé cesse également de s'appliquer.
Là-bas, on peut prévoir ce qui va se passer.
Cette forme de soumission a conduit à l'islamisation assez rapide des pays autrefois chrétiens dans les régions syrienne et arabe et en Afrique du Nord. Qui aime payer des impôts élevés s'il peut l'éviter par une seule phrase du credo islamique ?
Les anciens pays chrétiens ont été définitivement islamisés. Ce n'est qu'une conséquence logique.

Les exclus

Dans son livre sur Mohamed, Hamed Abdel-Samad consacre un chapitre distinct à al-Saa'alik, les exclus de la société tribale arabe. Ces étrangers sont des escrocs, des bandits de grand chemin, des vagabonds, des enfants d'esclaves, etc. ; une famille expulse un membre de ses rangs qui s'est comporté de façon criminelle.

'Les Saa'alik étaient craints dans toute l'Arabie, car ils formaient des troupes de combat puissantes. On les appelait les loups. Ils attaquaient des caravanes, commettaient des meurtres à contrat et étaient des voleurs professionnels. "Certaines tribus les ont recrutés comme mercenaires dans leurs guerres. Près de La Mecque, il y avait une telle troupe. Mohamed les a contactés. S'ils se convertissent à l'Islam, donc à son offre, ils seront sous sa protection. Il a fait cause commune avec les exclus pour renforcer son pouvoir. De même, la

punition de la coupe du bras et de la jambe pour les renégats et les traîtres, qui ont trouvé leur entrée dans le Coran, vient des brigands. La carrière de Mohamed "et avec elle le triomphe de l'islam, repose en fin de compte sur une alliance avec le crime organisé". Afin de mieux surveiller ses disciples, il les rassemblait cinq fois par jour pour prier. Personne n'avait le droit de rester à l'écart.
L'origine de la prière dans l'Islam fait réfléchir !

La vue sur l'histoire rend le présent compréhensible. Abdel-Samad conclut : '1400 ans plus tard, les combattants du SI répètent tout ce que Mohamed a déjà fait. Les djihadistes d'aujourd'hui font référence à son attitude envers les incroyants et à ses stratégies de conquête...
La manière dont il dirigeait sa communauté sert de modèle pour une vie idéale, favorable à Allah - politiquement, économiquement, socialement et éthiquement. Au-delà de l'espace et du temps, les islamistes veulent restaurer dans les moindres détails la communauté originale de Mohamed.'

L'Islam est-il pacifique ?

Il n'y a pas de consensus sur cette question. L'érudit religieux Mouhannad Khorchide, qui vit à Münster et qui prône l'instruction islamique dans les écoles allemandes, affirme que l'Islam a vu le jour comme une religion pacifique. Ce n'est que sous la dynastie des califes omeyyades que l'islam est devenu une religion guerrière. Le journaliste et érudit islamique allemand Hamed Abdel-Samad le contredit. 'Pour ma part, je suis d'avis que l'islam n'a pas été transformé par les Omeyyades en religion de guerre, bien au contraire. À mon avis, il était sauvage et guerrier dès le début et a d'abord été apprivoisé et civilisé par les Omeyyades, puis par les Abbassides. Car dans l'environnement d'origine de l'Islam, une doctrine purement éthique et humaniste n'intervient pas. Le message de Mohamed a échoué à La Mecque quand il était non-violent. Ce n'est que dans l'ombre des guerre du Prophète qu'il a réussi... Ce n'est que lorsqu'il a gagné sa première bataille que ses adversaires lui ont rendu hommage. ' Avec les paroles pacifiques de Dieu, le gigantesque empire des califes ne fut pas conquis. 'En fin de compte, il y a eu plus de quatre-vingts guerres que Mohamed a menées seul au cours des huit dernières années de sa vie. En d'autres termes : une campagne presque tous les mois... Quand Mohamed aurait-il dû avoir le temps de jeter les bases d'une société pacifique et humaniste ?'

Avec le transfert du siège du gouvernement de La Mecque à Damas sous les Omeyyades, la coexistence pacifique avec les peuples conquis s'est progressivement développée.
Les dhimmis, les non-musulmans, restaient des gens de seconde classe selon le Pacte d'Oumar.

Dans tout cela, il ne faut pas oublier que c'était un grand mérite de Mahomet d'unir les tribus arabes. Avant lui, les gens vivaient dans des clans. Il n'y avait toujours pas de peuple arabe, seulement l'appartenance à leur propre tribu. Entre eux, il y a eu des querelles et des vengeances sanglantes. Les grands empires des Perses, des Egyptiens, de Byzance et d'Ethiopie avaient un roi. Les Arabes ne pouvaient pas choisir un tel roi à cause de leur pensée tribale. Et chaque tribu avait son propre dieu. L'islam guerrier de Mahomet a créé l'unité des Arabes par la religion. Cela a conduit à une langue écrite arabe uniforme, qui n'existait pas avant Mahomet. Ce n'est qu'avec le Coran que la langue arabe a vu le jour, qui est parlée et écrite aujourd'hui dans 22 États.

Avec son monothéisme, Mohamed a vaincu les anciens dieux arabes des tribus.
L'arabe est le musulman.
En l'an 622, une nouvelle époque commence, ainsi que le nouveau

calcul islamique du temps. L'idéologie religieuse et islamique crée l'unité.
Tout cela fait partie de l'histoire.

Le présent exige des réponses différentes. Ce que l'on appelle aujourd'hui L'Islam est la discorde guerrière de l'Islam. Elle se présente à travers une chaîne continue d'attaques. Et ceux-ci augmenteront dans les pays européens dans la mesure où l'afflux de personnes en provenance des pays islamiques se poursuivra. Personne ne peut dire combien d'al-Saa'alik ont été dans le flux incontrôlé que le gouvernement Merkel a laissé entrer en Allemagne. Pourquoi y a-t-il des protestations dans les pays d'origine contre le rapatriement de ces personnes d'Allemagne ?

Partie VIII: Champs de conflit avec l'Islam

Il n'y a pas de terrain d'entente dans les principaux domaines des religions.
La religion islamique est en même temps politique.
- Il n'y a pas de livre saint commun
- Il n'y a pas de Dieu égal
- Le culte, la prière et les célébrations sont fondamentalement différents
- L'islam manques la séparation religion - état
- Une charte des droits de l'homme différente
- Pas d'égalité pour les femmes
- L'islam est une entité divisée et belliqueuse qui n'existe pas en tant qu'unité.

·

Cela signifie que la religion islamique est un obstacle à l'intégration en Europe pour les personnes originaires de pays islamiques.
Ce sont précisément les empreintes de la religion qui font obstacle à l'intégration.

Cependant, les personnes originaires de pays islamiques qui travaillent déjà en Allemagne et qui y ont trouvé un nouveau foyer ont réussi à s'intégrer, souvent en négligeant leur religion. Cela s'est produit des milliers de fois au cours des dernières décennies. Les immigrants sont devenus des concitoyens. C'était un processus d'adaptation individuelle.

La situation est tout à fait différente avec la vague de réfugiés qui a déferlé sur le pays. Des groupes entiers de personnes viennent ici. Pour la plupart, ils ne deviennent pas des concitoyens, mais des citoyens secondaires ou des contre-citoyens.

La loi sur l'asile ne prévoit l'asile que pour l'individu, mais pas pour des groupes entiers de la population. Le gouvernement Merkel a fondamentalement violé le droit d'asile constitutionnel. Cette violation de la loi est à la base de l'émergence de sociétés parallèles. Les soi-disant "demandeurs d'asile" sont arrivés. Les réfugiés sont entrés dans les généreux systèmes sociaux allemands, mais pas dans la vie quotidienne allemande.
Dans une mesure inconnue, il s'agit d'al-Saa'alik, les exclus des États arabes. C'est ce qui ressort des manifestations en Tunisie contre le retrait des citoyens tunisiens qui étaient venus en Allemagne en tant que réfugiés.

Des groupes entiers de soi-disant réfugiés forment une société secondaire, restent une île culturelle, alignent leurs valeurs sur leur pays d'origine et suivent la charia. Ils ne le savent pas différemment et veulent conserver leur culture.

Cela signifie à son tour des obstacles à une administration constitutionnelle ordonnée.
Un exemple : un Allemand est puni pour une violation de la loi sur les rapports. Les ressortissants étrangers n'accomplissent pas ces

formalités et n'ont pas à craindre d'être punis. L'État allemand n'a aucune vue d'ensemble de qui vit sous quel nom et où. Des politiciens allemands tels que Bosbach ont mis en garde en vain contre un problème de sécurité que l'afflux sans frontières et incontrôlé en Allemagne a entraîné.

Sous le gouvernement actuel, l'État n'est plus en mesure de protéger ses citoyens des crimes commis par des étrangers. Même la dissimulation de l'origine ou de la nationalité de l'auteur ne change rien à cela.

Dans le milieu de la société secondaire se forment les nouveaux opposants. Ce sont les assassins potentiels de demain. Ils sont appelés islamistes ou radicalisés, qui n'auraient rien à voir avec l'islam pacifique.

Mais cette différenciation en deux catégories, soi-disant pacifiques - islamiste et islamiste - radicalisée, est une fausse différenciation. Il est destiné à cacher le fait que le mode de vie islamique n'est pas si facile à intégrer dans la culture occidentale développée.

Les objectifs islamiques contiennent une revendication de la totalité. Le célèbre érudit islamique Ala Mawdudi l'a dit en ces termes : **'L'islam n'est pas une religion normale comme les autres religions du monde, et les nations musulmanes ne sont pas non plus des nations normales. Les nations musulmanes sont très spéciales parce qu'elles ont l'ordre d'Allah de régner sur le monde entier et de se tenir au-dessus de chaque nation du monde.'**

L'Europe connaît cette idéologie, cette fantaisie, cette vision de l'avenir grâce aux idéologies du communisme et du socialisme-national.

Dans l'Islam, le but ultime est d'imposer la loi d'Allah, la charia, à l'humanité et d'unir tous les peuples de la Oumma islamique.

La route est pavée de guerre et de sang á versé. La terreur est un moyen d'application de la loi.

L'écrivain turc Zafer Senocak, qui vit à Berlin, écrit :
'**La terreur vient du cœur de l'Islam, elle vient directement du Coran. Elle est dirigée contre tous ceux qui ne vivent et n'agissent pas selon les règles du Coran, c'est-à-dire contre les démocrates, les penseurs et les scientifiques d'inspiration occidentale, contre les agnostiques et les athées.** '

Exigences aux décideurs politiques

Le principe

Il y a un besoin urgent d'action politique. L'influence islamique signifie l'intervention en politique. Il ne peut être permis que, dans le sillage d'une interprétation erronée de la "liberté de religion", les différentes directions islamiques réalisent leur compréhension politique de la vie sociale en Allemagne et l'Europe. Cela ne conduit pas à la diversité démocratique. Cela apporte la discorde, la haine, la terreur et la violence et met en danger la démocratie et la coexistence pacifique dans nos pays.

Une fois de plus : Avons-nous réprimé le fait que les mouvements islamiques sont en guerre ?
Le principe le plus élevé pour la politique doit être : Les gens qui veulent vivre selon une certaine conception islamique de l'État devraient s'en rendre compte dans un État islamique.
La transformation de notre culture cultivée en un système social islamique n'est pas capable de gagner une majorité en Allemagne et en l'Europe.

Le politologue Lothar Fritze a analysé la polarisation actuelle de notre société en Allemagne dans son livre 'Der böse gute Wille' (La mauvaise volonté). Afin d'empêcher l'islamisation de l'Europe, il est nécessaire 'd'empêcher l'entrée de ceux qui n'ont pas le droit d'entrer, de rapatrier systématiquement les demandeurs d'asile déboutés, de mettre fin au droit de séjour des réfugiés après que les motifs de leur fuite ont cessé d'exister et de limiter clairement le regroupement familial. Ces mesures ne détruisent pas les valeurs européennes, mais préservent les modes de vie dans lesquels ces valeurs peuvent être vécues'.

Une transformation de notre société par la compréhension religieuse et islamique de la vie ne correspond pas à la majorité de la population. Un référendum à ce sujet a été délibérément évité. L'électeur allemand est exposé à la confusion politique par l'oscillation politique de la chancelière. Qui est l'opposition sans laquelle la démocratie ne peut fonctionner ?

L'électeur réalise-t-il à temps que la menace islamique appelle une politique gouvernementale différente ?

L'unisson politique

L'idéologie des Verts, à laquelle Mme Merkel a changé, traite les réfugiés comme s'ils étaient sans religion.

Quelle erreur ! 'Postfaktisch' (après les faits), c'est ce que l'on dit aujourd'hui à ce sujet.

L'opinion publique bourgeoise a permis à Mme Merkel de trouver secrètement son chemin vers un système RDA 2.0. Pour faire prêter serment à la population sur le 'Wir schaffen das' de Merkel (Nous pouvons le faire), elle a utilisé la méthode d'agitation bien connue de Honecker.

Dans les écoles, les cours ont été annulés, des rassemblements ont été organisés, la pitié pour les réfugiés est devenue une politique quotidienne. La manipulation d'opinion fonctionnait bien avec l'organisation pionnière et la FDJ en tant que multiplicateur social majeur en RDA. Mme Merkel y parvient encore aujourd'hui en traversant les écoles. Le public est en accord avec l'opinion de la Chancelière.

Étonnamment, doucement, les faiseurs d'opinion de la presse et de la télévision ont été persuadés de renoncer aux critiques fondamentales sur le parcours de la Chancelière. Le Conseil de presse a volontairement décrété que l'origine et la nationalité des personnes ne devraient pas être mentionnées dans les rapports sur les crimes violents. L'objectif était d'éviter la 'xénophobie', mais cela signifiait qu'il fallait accepter la ligne de la chancelière. La politique est semblable à celle de la RDA, tous suivent les dirigeants et travaillent 'ensemble pour la paix', comme on l'appelait á ce temps.

Où sont l'alternative et l'opposition ?
Les forces gauche et verte sont pleinement satisfaites. Le propre parti de Mme Merkel a ignoré le changement de politique. Les forces conservatrices ont permis au gouvernement d'ignorer la Constitution et les lois actuelles.
La Cour constitutionnelle fédérale n'accepte pas une plainte contre la Chancelière ! Ainsi, le troisième pilier de la démocratie disparait volontairement.

Les Eglises et les forces conservatrices ne s'opposent pas au fait que les musulmans veulent dominer l'Europe sous couvert de liberté religieuse, que les musulmans forment également des parcelles islamiques en Allemagne en tant que sociétés filiales, car ils tissent une gigantesque toile sur l'Europe. Le danger que représente l'islam est tout simplement ignoré.

Une politique démocratique doit s'opposer résolument à la revendication idéologico-religieuse du pouvoir mondial au nom d'Allah.
Le danger de l'islam réside principalement dans le fait que l'étiquette 'religion' est utilisée pour faire de la politique. C'est le sous-titre du livre 'Où la religion rencontre la politique'. Le but de l'idéologie

religieuse de l'Islam est l'assujettissement de tous les peuples. Être musulman, c'est se soumettre. Mais à qui se soumettre ?

Le gouvernement actuel et surtout le ministre de la Justice, M. Maas, n'ont pas actuellement reconnu la gravité. La situation juridique actuelle laisse beaucoup trop de place aux dangers potentiels. Sous l'idéologie des 'droits de l'homme' (lesquelles? voir ci-dessus), la liberté et la protection contre le terrorisme religieux sont mises en jeu. Le pouvoir judiciaire s'avère largement impuissant face à la terreur islamique.
L'État n'est plus en mesure de protéger ses citoyens.

Infiltration islamique

La propagande islamique ne doit craindre aucune limitation sous couvert de religion. Même la construction de nouvelles mosquées n'est pas limitée.
Et là où des initiatives citoyennes protestent, le parti verte et gauche constatent que ce sont des manipulations de movement 'néonazies'. Des représentants des grandes églises siègent au comité de construction des mosquées, comme le montre l'exemple de Cologne.

Au lieu de cela, il serait nécessaire que les institutions islamiques soient gérées uniquement en tant qu'instituts scientifiques.
La reconnaissance en tant que société de droit public doit être refusée.
L'actuel ministre de l'Intérieur de Maizière promeut la diffusion de l'Islam du mieux qu'il peut. L'islamisation de l'Allemagne est une misère. La préférence des Verts pour l'islam turc en particulier recèle un dangereux potentiel de conflit. En privé, la ministre allemand, Claudia Roth (Ècolo) peut décrire la Turquie comme son pays préféré, alors aussi aller s'installer dans sa villa en Turquie.

Une consolidation permanente de l'islam turc en Allemagne est souhaitée par Erdogan, et les Verts sont ses complices.
Et avec quelle erreur de jugement le SPD y a-t-il contribué ? Est-il utile de faire d'un Allemand d'origine turque le commissaire à l'intégration en tant que ministre d'État ?
Dans l'ensemble, le gouvernement de coalition actuel n'a aucune idée des dangers que pose l'islam.
Le désir du gouvernement d'un islam allemand implique l'Allemagne dans la lutte pour un véritable islam et fait de l'Allemagne elle-même un parti de guerre islamique. En conséquence, Madame von der Leyen envoie des soldats et des armes en Afghanistan, des avions de reconnaissance en Syrie, des unités militaires en Afrique et aussi plus loin où les militants islamiques luttent pour leur religion islamique.

L'octroi de l'asile à des groupes plus importants de mouvements islamiques hostiles étend la guerre à l'Europe. Les attaques et les assassinats ne sont pas l'acte d'un fou, mais l'expression de la lutte. L'assassin n'est pas l'exception (bien qu'il le soit numériquement), mais l'émissaire de la vraie foi.
Dans les communautés de la mosquée, les combattants se lèveront encore et encore qui sont prêts pour un acte héroïque contre les non-croyants. **C'est la substance religieuse et non une exception.** Ceux qui considèrent que la radicalisation peut être évitée ne font que montrer à quel point ils sont peu familiers avec les questions religieuses. Il y a toujours eu un fanatisme religieux et idéologique. C'est l'envie de combattre l'adversaire de ses propres convictions.

Quelle est cette politique absurde, qui amène d'abord les combattants dans le pays et tente ensuite de les empêcher de commettre un assassinat au moyen de la surveillance ?
Le cofondateur de l'Association des citoyens hongrois, le Premier ministre Viktor Orban, veut épargner à son pays des politiques aussi

absurdes. Vouloir punir Orban pour son attitude est une radicalisation tout aussi radicale venant de l'Europe, peut-être graduellement différente, mais dans le même esprit. Comme l'islam, elle représente un absolutisme de sa propre position, seule l'orientation est différente; certains droits humains sont échangés contre d'autres.

Le paragraphe 16a de la Loi fondamentale sur l'asile fait également partie des lois qui ne sont plus à jour. Son interprétation avec une mauvaise définition de la religion n'a conduit qu'à une crise des réfugiés, qui continuera d'occuper la politique allemande pendant longtemps encore. Lorsque le paragraphe sur l'asile a été inclus dans la Constitution en 1949, les circonstances étaient complètement différentes. La guerre de religion en Europe a eu lieu il y a 300 ans et la guerre intra-islamique n'était pas prévisible.

Le rôle des femmes

Il n'y a pas de position uniforme des femmes dans l'Islam ; cela varie selon le pays et la direction de l'Islam. Ce qui est la loi à Riyad ne s'applique pas à Damas.

Le Coran dit dans la sourate 4 'an-Nisa' (Les femmes) au verset
Les hommes sont responsables envers les femmes, parce qu'Allah les a distingués avant les autres... et s'ils sont rebelles, ils les réprimandent, les évitent dans le lit et les battent. Mais s'ils vous obéissent, ne cherchez aucun remède contre eux.

Dans la Bible, il est dit, encore plus simplement, que la femme est soumise à l'homme. C'était le consensus et la vie de tous les jours dans les deux religions. Aujourd'hui, un tel texte est complètement démantelé et interprété tant qu'il est clair qu'il n'en est pas ainsi. Ce n'est qu'à la lumière de l'émancipation des femmes réalisée dans le monde occidental que ce texte apparaît embarrassant et qu'il est interprété de façon erronée. La source historique et l'ancrage dans la religion n'est que théorique. En pratique, dans l'habitude du pays d'origine, la réalité est malheureusement que l'on est loin d'une émancipation de la femme. Les militantes des droits des femmes craignent à juste titre une rechute sociale.

Dans des cas individuels, il restera toujours conflictuel si l'homme considère la femme comme sa propriété ou s'il se considère responsable du mariage de sa fille ou de sa jeune sœur pour des raisons religieuses. Si une femme se détache de la compréhension qu'on a de son rôle, il n'est pas rare qu'elle commette des actes de violence pour honorer un meurtre.
Ici, l'immigration de masse islamique dans notre pays garantit que la police et les tribunaux ne sont pas à court d'emplois. Le problème se pose inévitablement avec des personnes d'autres cultures. Ce problème ne peut être résolu rapidement par lui-même, car la domination du rôle masculin est transmise à la génération suivante par l'éducation des garçons dans les familles islamiques.
La situation des femmes dans la société s'est sérieusement détériorée en raison de l'invasion des réfugiés.

Changer notre pays... ?

Selon la Chancelière, ce sont les réfugiés qui s'en chargent. Mais qui veut ça ?
La culture adulte d'un pays est façonnée, entre autres, par les festivals et les fêtes. Le calendrier des fêtes chrétiennes entre en collision avec le calendrier islamique. Pour Mohamed, Jésus était un prophète. Mais il refuse de l'honorer comme un culte de la personnalité.
Ainsi, les grandes fêtes chrétiennes à deux jours fériés se heurtent au rejet de l'islam. La naissance du Fils de Dieu, ses souffrances le

Vendredi Saint, sa résurrection pascale et la fête de l'Esprit 50 jours plus tard (Pentecôte) sont sans importance pour la compréhension islamique.

Inversement, l'observance du Carême du lever au coucher du soleil, complètement sans nourriture ni boisson, rencontrera l'incompréhension chez les non-musulmans. En outre, cette coutume doit être respectée pendant un mois entier, et la période à laquelle elle s'applique est différente chaque année.

Ici, les célébrations religieuses des deux cultures différentes ne s'accordent pas. Cela a un impact sur le monde du travail.
Le gouvernement actuel ferme les yeux sur un changement dans la structure de la population.

Avec les réfugiés, la proportion de personnes qui ne contribuent pas aux actifs productifs a fortement augmenté.
Combien de temps les systèmes sociaux peuvent-ils résister à cela ?

Ce que l'Allemagne et l'Europe ne peut tolérer :
- Immigration illimitée en provenance des pays islamiques
- Abandonner la séparation de l'Etat et de la religion,
- Abandonner l'égalité des droits pour les hommes et les femmes,
- Un rejet de notre culture par les réfugiés
- Mariage forcé, crimes d'honneur, port du voile intégral par les femmes, etc.
- La loi de l'État islamique, la charia
- Les violations de la loi doivent conduire à l'expulsion

Quiconque ne reconnaît pas la validité primordiale de la Loi constitutionnel n'a pas sa place dans notre société et doit quitter l'Allemagne.

Les conditions historiques du VIIe siècle ne s'appliquent pas à notre société.

Ils ne doivent pas être imités sous le couvert de la 'religion' et vivre dans une société parallèle en Allemagne.

Perspective

Le monde islamique se présente actuellement comme divisé et prêt à se battre à tout moment. La comparaison avec les guerres de religion chrétiennes est tout à fait appropriée. A cette époque, une délimitation territoriale avait contribué à une première pacification. (Augsbourg Paix religieuse, 1648). Par la suite, l'époque des éclaircissement a conduit à un désamorçage de l'intérieur. La laïcisation croissante a laissé les conflits religieux passer au second plan.

On peut s'attendre à une évolution similaire dans le monde islamique. Mais cela ne peut être qu'un processus à très, très long terme.

Actuellement, les camps, qui croient représenter le véritable Islam, se font face de manière irréconciliable. Cela indique une aggravation et un durcissement des conflits. La mission religieuse wahhabite d'Arabie saoudite estime qu'elle doit donner le ton. L'interprétation chiite de l'Islam est infectée par l'ancienne pensée impériale persane (550-330 av. J.-C.) ou sassanide (226-652 ap. J.-C.). La suprématie chiite est leur objectif politique.

Combattre l'intolérance dans tous les camps islamiques ne permet pas de s'attendre à quoi que ce soit de bon pour d'autres guerres de religion.

La division territoriale par l'accord Sykes-Picot, sont des acords secret signés le 16 mai 1916, aprés les négociations entre novembre 1915 et mars 1916, entre la France et le Royaume-Uni avec l'aval de l'Empire Russe et du royaume d'Italie), prévoyant le partage du Proche-Orient á la fin de la guerre avec lequel les frontières du Moyen-Orient, ne peut constituer une base pour l'avenir. De facto, ces démarcations n'existent que sur papier.

Mais aucune puissance au Moyen-Orient n'acceptera un changement de frontière.

L'Iran veut voir Israël anéantir en tant qu'État.

La Turquie ne tolère pas l'auto-administration par les Kurdes dans l'ancienne région syro-irakienne. La paix est loin.

La lutte des différentes directions islamiques peut devenir une poudrière à tout moment. Un islam dangereux.
Titre du livre en arriere: Les visage de l'Islam:

Islam - cela signifie conflit, guerre au Moyen-Orient, terreur. Les peuples de l'islam se battent entre eux, depuis plus de mille ans. Lorsque les États-Unis sont intervenus, les choses ont empiré.

Le résultat fut un énorme mouvement d'évasion, celle-ci a envahi l'Allemagne et l'Europe.

La "culture de bienvenue" de Madame Merkel, est-elle appropriée pour instaurer la paix ou est-elle à l'origine des conflits?

Combien d'islam le monde tolère-t-il?

Les dirigeants politiques offrent une image de l'impuissance face aux questions religieuses.

Les atteintes aux droits humains des réfugiés ignorent que les États islamiques ont leur propre charte des droits humains.

Le concept de "liberté religieuse" dans notre constitution ne peut pas couvrir le fait que l'Islam ne connaît pas de séparation entre la religion et la politique.

Ce livre d'écrit la Situation qui se passe en Allemagne, mais est plus que valable pour la politique européen.